中国传统文化融入高校思政课社会主义核心价值观教育研究

董平 著

吉林大学出版社

·长春·

图书在版编目（CIP）数据

中国传统文化融入高校思政课社会主义核心价值观教育研究 / 董平著. -- 长春：吉林大学出版社, 2024.10.
-- ISBN 978-7-5768-3950-0

Ⅰ. K203；G641

中国国家版本馆 CIP 数据核字第 2024JL2169 号

书　　名	中国传统文化融入高校思政课社会主义核心价值观教育研究
	ZHONGGUO CHUANTONG WENHUA RONGRU GAOXIAO SIZHENGKE SHEHUI ZHUYI HEXIN JIAZHIGUAN JIAOYU YANJIU
作　　者	董　平
策划编辑	矫　正
责任编辑	矫　正
责任校对	李潇潇
装帧设计	久利图文
出版发行	吉林大学出版社
社　　址	长春市人民大街4059号
邮政编码	130021
发行电话	0431-89580036/58
网　　址	http://www.jlup.com.cn
电子邮箱	jldxcbs@sina.com
印　　刷	天津鑫恒彩印刷有限公司
开　　本	787mm×1092mm　1/16
印　　张	12
字　　数	200千字
版　　次	2025年3月　第1版
印　　次	2025年3月　第1次
书　　号	ISBN 978-7-5768-3950-0
定　　价	68.00元

版权所有　翻印必究

前　　言

中华优秀传统文化是在几千年的历史过程中逐渐形成的精神财富，蕴含了优秀的道德思想，承载着丰富的文化资源，具有重要的育人价值，在大学生社会主义核心价值观的培育过程中发挥着独特的作用。核心价值观教育贵在知行合一，只有大学生内心认同，真正作为核心价值观的信仰者，才能自觉去感知去实践。通过对大学生进行中华优秀传统文化教育，使大学生在坚定文化自信和传播文化正能量的基础上去践行核心价值观，由此增加大学生对传统文化的文化积淀，完成大学生践行核心价值观的铸魂工程。因此，我们应将中华优秀传统文化中的思想观念、人文精神、道德规范等融入大学生社会主义核心价值观教育，不断丰富和发展大学生社会主义核心价值观教育的视域和空间，增强大学生社会主义核心价值观教育工作的实效性，同时结合时代要求不断创新传承中华优秀传统文化。

高校思政课教学作为学校思想政治教育工作的重要领域，履行着对大学生进行马克思主义理论教育的重大职责，承担着加强社会主义核心价值观教育的重要使命。2019年3月18日，习近平总书记在北京主持召开学校思想政治理论课教师座谈会并发表重要讲话。这是新中国成立以来，党中央首次专门针对学校具体课程举办的会议，体现了党对学校思想政治理论课的高度重视和对思想政治理论课教师的殷切期望，为新时代高校思想政治理论课发展建设指明了方向。习近平指出，办好思想政治理论课，最根本的是要全面贯彻党的教育方针，解决好培养什么人、怎样培养人、为谁培养人这个根本问题。[①] 将中华优秀传统文化融入高校思政课社会主义核心价值观教育，实现中华优秀传统文化和社会主义核心价值观的相互作用，

---

① 习近平. 用新时代中国特色社会主义思想铸魂育人 贯彻党的教育方针落实立德树人根本任务 [N]. 人民日报，2019-03-19.

一方面发挥中华优秀传统文化的作用来加强大学生对社会主义核心价值观的思想认同和情感认同,另一方面发挥社会主义核心价值观的引领作用实现中华优秀传统文化与时俱进的传承创新,是每个高校思想政治教育工作者应承担的任务和责任。

基于此,本书以中国传统文化融入高校思政课社会主义核心价值观教育为研究重点,围绕为谁培养人、培养什么人、怎样培养人等三个关键问题进行研究重点,探求中华优秀传统文化和社会主义核心价值观的契合关系,为优化思政课课程设置提供理论支撑;探索大学生对社会主义核心价值观的接受规律,加入中华优秀传统文化的元素,使之潜移默化地成为大学生主动认同的理性之源;深化对社会主义核心价值观和中华优秀传统文化的认识,为新时代大学生思想政治教育理论创新提供基础性支持。

全书共七章,从传统文化的思想政治教育向度切入,阐述中华优秀传统文化的育人功能;科学阐释社会主义核心价值观的内涵、特征以及现实意义;从社会主义核心价值观与中华优秀传统文化内在关联的多种可能、多维必然、多重意义等三个方面入手,对二者之间的内在关联进行深入研究;探究高校思政课社会主义核心价值观教育的战略意义及教学发展;从比较"过去时"逻辑层分析马克思主义基本原理、中国传统价值观、其他教育理论对中国传统文化融入高校思政课社会主义核心价值观教育研究的启示;分析中国传统文化融入高校思政课社会主义核心价值观教育面临的机遇挑战与时代价值;最后,依据一定的原则、关系、规律,提出立足中华优秀传统文化推进高校思政课社会主义核心价值观教育的实践路径。

本书从传统文化的角度出发,拓展了大学生社会主义核心价值观与文化相结合培育的研究视域。有助于应对多元价值观带来的观念矛盾,加强大学生对社会主义核心价值观和中华优秀传统文化的认知和践行。由于本人水平有限,本书仍存在许多不足之处,例如,社会主义核心价值观从中国传统价值观传承了哪些内容,哪些内容可以转化,在哪些方面实现了超越等未曾谈及。在今后的工作中,本人将继续努力钻研,不断提高研究水平,为高校思想政治教育尽一份力量。

董平
2023 年秋

目 录

第一章　中国传统文化育人功能概述 …………………… 1
　一、传统文化的思想政治教育向度 …………………… 1
　二、中华优秀传统文化大学生思想政治教育功能的表现
　　　及必要性 ……………………………………………… 26

第二章　社会主义核心价值观的科学内涵 …………………… 32
　一、社会主义核心价值观的内涵与特征 …………………… 33
　二、社会主义核心价值观的现实意义 …………………… 47

第三章　中华优秀传统文化与社会主义核心价值观的内在关联 ……… 54
　一、社会主义核心价值观与中华优秀传统文化内在关联的
　　　多种可能 ……………………………………………… 54
　二、社会主义核心价值观与中华优秀传统文化内在关联的
　　　多维必然 ……………………………………………… 63
　三、社会主义核心价值观与中华优秀传统文化内在关联的
　　　多重意义 ……………………………………………… 71

第四章　高校思政课社会主义核心价值观教育概述 …………………… 82
　一、高校思政课与大学生社会主义核心价值观教育的关系 ……… 83
　二、社会主义核心价值观在高校思政课理论中的价值意蕴 ……… 88
　三、高校思政课社会主义核心价值观教育的战略意义 ………… 92
　四、高校思政课社会主义核心价值观教育教学发展 …………… 94

第五章 中国传统文化融入高校思政课社会主义核心价值观教育的理论基础 …… 102

一、马克思主义基本原理 …… 102
二、马克思主义相关理论 …… 110
三、中华传统价值观 …… 114
四、其他教育理论的借鉴 …… 119

第六章 中国传统文化融入高校思政课社会主义核心价值观教育的时代意蕴 …… 125

一、中国传统文化融入高校思政课社会主义核心价值观教育的时代境遇 …… 125
二、中国传统文化融入高校思政课社会主义核心价值观教育的时代价值 …… 139
三、新时代大学生社会主义核心价值观教育的新要求 …… 156

第七章 立足中华优秀传统文化推进高校思政课社会主义核心价值观教育的实践路径 …… 162

一、中国传统文化融入高校思政课社会主义核心价值观教育的原则 …… 162
二、中国传统文化融入高校思政课社会主义核心价值观教育需要处理的主要关系 …… 164
三、遵循大学生心理接受规律 …… 167
四、充分发挥思政课主渠道作用 …… 169
五、构建"大思政"课程与教学体系 …… 173
六、基于传统文化,拓宽社会主义核心价值观教育的培育路径 … 178

参考文献 …… 181

第一章　中国传统文化育人功能概述

　　文化是一个国家和民族的灵魂，思想政治教育是渗进血液、透入灵魂的熏陶，二者有着天然的联系，共同指向民族精神的塑造、完美人格的塑造。中国传统文化自萌芽时期就注重文化的育人功能，"文以载道""文以化人"是中国传统文化的典型特征。传统文化的价值取向、德性追求、育人方法、教育艺术等内容与党的思想政治教育有着内在的契合性。思想政治教育必须从传统文化中汲取营养，做到破旧立新、返本开新，才能更具中国特色、更有中国气派、更富文化底蕴，实效性才更强。

一、传统文化的思想政治教育向度

（一）文化、传统文化与文化传统

　　在文化研究领域，争论最多的可能就是"文化"的概念了。迄今为止，中外学者关于文化的概念有几百种之多。总体上看，文化有广义和狭义之分。广义的文化也称"大文化"，主要从人与动物本质上的区别来界定，内容非常丰富，"是人类所创造的物质的和精神的所有成果"①，在人类社会中可以说文化无处不在，无时不有。由于文化涵盖的广泛性，根据其内容分类，有学者持"物质、精神"或"实用性文化、理想性文化"二分说，如王南湜认为，实用性文化的功能是直接赋予现实的经济、政治活动以意义，肯定某些活动方式，否定某些活动方式，从而将人的现实活动纳入某种规范之中。②但由于各种制约，人类活动总是有其自身的局限性。面对这些局限，

---

① 许嘉璐. 中国文化的前途和使命 [M]. 北京：中华书局，2017：16.
② 王南湜. 拯救传统文化，"外王而内圣"之路是否更为可行？[J]. 天津社会科学，1996（06）：23-25.

有智慧的人类在继承历史的基础上总会试图超越现实性的存在,从而形成一个又一个的理想性目标。理想性文化就是试图赋予人类生活一种终极意义的文化活动,有限性与超越性,这是两个层面的文化的根本性不同。[①]有的持"物质、制度、精神"三层说,如许嘉璐认为要把握文化首先应将它条理化,将文化分为三个层级,分别是:表层文化(物质文化)、中层文化(制度文化)、底层文化(哲学文化)。[②]有的持"物态、制度、行为、心态"四层说。当然,也有其他的分类,比如孙家正在其《文化与人生》中认为,文化一般分为四个层面,分别是认知层面、情感层面、伦理道德和信仰价值观。[③]

狭义的文化,"不包括物质创造及其成果,只包括精神创造及其成果,故而又称为'小文化'"[④]。本书所用"文化"系"小文化"之说,即相对于人类社会中的政治、经济结构的文化,是人类在社会实践和意识活动过程中化育出来的价值观念、精神心理、思维方式等。在文化的诸多层次之中,精神上的文化对人类的生活来说才具有根本上的意义。文化有其自身发展规律和流变过程。随着人类由蒙昧期进入文明期,文化逐渐有了过去和现在的区分,特别是在历史长河中,那些体现过去时代性的文化被称为传统文化。而每个民族文化中都存在一些反映自我民族性格和文化特征的精神成份,我们称之为传统文化。本书所指的中国传统文化,其内涵既包括近代之前的传统文化,也包括中国共产党领导人民群众在争取民族独立过程中的革命传统文化,并以前者为主要内容。

还有另外一个词与传统文化紧密相连——文化传统。传统文化与文化传统的关系并不仅仅是词语排序的简单颠倒,而是存在着既相互联系又相互区别的关系。从时间上来看,传统文化相对于近现代文化而言,指的是过去形成的文化,当然传统文化也有存续到现在的内容,但总体上来看它是过去的产物;而文化传统在时间上则处于连续不断的形态,是过去形成的、

---

① 王南湜. 拯救传统文化,"外王而内圣"之路是否更为可行?[J]. 天津社会科学,1996(06):23-25.
② 许嘉璐. 中国文化的前途和使命 [M]. 北京:中华书局,2017:17.
③ 孙家正. 文化与人生 [N]. 中国艺术报,2011-06-10.
④ 朱耀廷. 中国传统文化通论 [M]. 北京:北京大学出版社,2005:3.

第一章 中国传统文化育人功能概述

在今天看来变化不太明显的文化。从内容上看，传统文化可分为物质文化、精神文化和制度文化，包含良莠不齐的各个方面；文化传统则主要指蕴含在其中的一个民族文化形态的精神特点。从逻辑上看，传统文化在长期的发展中孕育了文化传统，文化传统是传统文化的逻辑呈现。一个民族的传统无疑与其文化密不可分。离开了文化，便无从寻觅传统；没有了传统，也就不成其为民族的文化。① 这是因为"传统是文化延续和凝聚为系统的内在要素、因子。传统离不开文化要素、因子，文化要素、因子依传统而延续，这种相近相依、不离不杂的关系促使了两者不断变异、运动、发展"②。

每个民族的传统文化对其发展都有极其深刻而久远的影响。在人类社会处于自发自为阶段的"未成年"时期，由于地理环境、生活条件、原始观念等各种原因使每个民族都形成了自己的文化传统。这种文化传统就像一根风筝线，从古至今贯穿于一个民族的发展历史时空之中。也许由于历史条件的差异，民族文化的发展总会呈现各个时代的特征，但不管这些特征是如何表现的，比如在具体的时间点上诸多特征显示度各不相同，当揭开历史迷雾之后，你会发现由传统所形成的"那根线"还在发挥着强有力的作用。比如西方文化在古希腊时期奠定了它以后的发展方向，虽然有中世纪"哲学成为神学婢女"的漫长压抑，但文艺复兴、启蒙运动之后，西方文化再次在主客二分的基础上呈现自己最为原始的特征。中国传统文化经历了漫长的发展，在不停地遭遇外来文化的挑战之后，又在近代遭到反传统的迎头痛击，但当我们战胜外敌独立发展之后，一次又一次的"国学热"正是我们回归传统的体现。

一个民族的价值观念、思维习惯、生活方式、交往形式等深受文化传统的影响。比如在中西方传统文化中最早都记载着关于契约的内容，但在西方文化中一直存有不信任的传统。他们认为人与人之间的关系就像英国学者霍布斯说的是狼与狼的关系，为了社会良性运转，必须建立契约关系。因此，社会契约论在17、18世纪的欧洲空前发展起来，并且成为权力制衡、社会交往、法治思想的导引。而中国传统文化虽然在先秦时期也有"人性恶"

---

① 庞朴. 文化传统与传统文化 [J]. 科学中国人，2003（04）：9.
② 张立文. 传统学引论——中国传统文化的多维反思 [M]. 北京：中国人民大学出版社，1989：37.

3

的理论预设，但随着儒家在汉代以后成为主流思想后，这种预设很快被淹没了。中国人更多的是相信别人、相信人性向善、相信道德对人类有很强的制约作用，历代统治者一直强调的是"德主刑辅"的社会治理模式。这种道德主义倾向在中国传统文化中表现得非常突出，比如中国古代的科学技术曾经长期领先于世界，有些手工技艺更是世界独一无二的，但我们相信技术最终是为人类谋利的，并且服务的人越多越好、越能实现发明创造者的价值，因而中国早期的发明全部无偿地传授给别人，从来没有想过用专利制度来保护自己的利益。西方文化则不然，他们基于个人主义的传统，过于强调个人的自由和权利，因而通过专利制度来维护个人利益。

文化在起源的时候，所直面的问题是人类最基本的问题，比如：如何认识人、人与外界的关系是什么、人类将走向何方，等等。对于这些问题，中西方文化给出了不同答案。这种回答在文化的发展历程中发挥着起点和方向的作用，犹如往平静的湖里投了一颗石子，涟漪由此而生，不停向外泛出一个又一个圆圈。不管这个圆有多大，它的源头始终没有变。对作为这个起点的文化发展期，德国神学家和哲学家雅斯贝尔斯（Karl Theodor Jaspers）在他的著作《历史的起源与目标》中将其定义为"轴心时代"。他认为在公元前800—前200年之间，特别是公元前600至前300年间，是人类精神的重大突破期，在中西方都出现了影响各自民族长远发展的文化，这个历史时期就是人类文明史上的"轴心时代"。雅斯贝尔斯认为之后每个时代的精神文化发展，都是以"回到过去"的形式再现文化传统，都是对"轴心时代"精神传统的再次阐发和发展。今天来看这个判断确实很具有现实意义。由于东西方文化的不同，西方文化传统之"树"结出的"果实"和东方文化大不一样。西方文化虽然创造了人类物质财富的极大胜利（虽然是极不平衡的）——资本主义曾在它不到一百年的时间推动了世界历史的快速发展，其创造的财富总量比以往其他时代的总和还要多、还要大，但同时西方传统中单极发展的思路深刻地造成了人的异化，人成为物质生产线上的"螺丝钉"，变成了"单向度"的存在。今天在西方出现的后现代主义思潮在一定意义上正是对希腊传统的回归。西方传统还带有扩张的性质，"地理大发现"之后，西方国家对那些自主生活的民族侵略就是一个明显例证，中国以及为数众多的发展中国家被动进入现代化的过程也是

第一章　中国传统文化育人功能概述

如此。

各种传统之间本来应该有所对话，这样才能抑恶扬善，纠正传统弊端，形成文明的理解和共融，但西方传统文化并没有这样做，反而在物质胜利的前提下，把其他文明看作"低级的文明"，是西方推行价值观的障碍，从而造成了"文明冲突"。今天，世界范围内"文明冲突"存在的主要原因就是西方文化传统对其他文化传统的自大，他们强调要按照自己的价值标准来对待其他民族文化。

中国传统文化体现了中华民族的价值取向和精神追求，在夏商周三代奠定的基础上，主要经历了先秦诸子百家争鸣、两汉经学兴盛、魏晋南北朝玄学流行、隋唐儒释道并立、宋明理学发展等几个历史时期。从西周实现由"神"到"人"的转向后，精神性的价值取向越来越凸显出来。郭齐勇指出，中华文化是多元一体的中华各民族的优秀传统文化，其中有信仰体系、价值体系与知识体系等层次。[①] 他认为国魂和民族精神是最高层次的文化精神，体现了中国传统文化的信仰方式、终极关怀以及安身立命之道；处在第二层次的是核心价值观念或系统，这是价值体系；第三层次的是深邃的多样化的学术与技艺，属于知识系统。在这些以各种形式存在的文化中，传统文化逐渐具有了自己的特点，而文化传统脱胎于传统文化，二者的特点当然具有相应的一致性。作为民族精神的文化传统的特点主要表现在以下几个方面：整体主义、人本倾向、注重德性、以和为贵、实用理性和开放包容。

（二）传统文化的当代价值

中国传统文化不仅为当代中国人建构了文化性的存在样态，对世界其他国家也具有普遍性的意义。

1. 中国传统文化对中华民族的当代意义

在当今世界上，有两种基因可以把人与"他者"区分开来：一是基于人种学意义的生命体基因，二是基于传统学意义的文化基因。由于世界一体化进程越来越快，国家与国家的交流越来越频繁，有些人看起来是黄皮

---

① 郭齐勇．文化认同与传统美德教育——谈谈传统文化与社会主义核心价值观建设[N]．人民政协报，2015-08-17．

中国传统文化融入高校思政课社会主义核心价值观教育研究

肤、黑头发、黑眼睛,虽然其外表形态符合中国人的特征,但其价值观念、思维方式、行为习惯可能已经是西方的了。生命体基因对人类的区别已经逐渐模糊了,唯一能够甄识不同民族的就是文化基因,特别是在全球化时代,我们避免被西方文化同化的唯一保障就是弘扬中国传统文化。

陈来在《中华文明的核心价值:国学流变与传统价值观》中指出,中华价值观与西方近现代价值观相比,主要表现出四大特色,即责任先于自由、义务先于权利、群体高于个人、和谐高于冲突。[①] 只有具有这些价值观特点的人才可以称为真正意义上的中国人。优秀传统文化是中华民族生生不息、发展壮大的丰厚滋养。我们要把这种"滋养"变为"营养",从而形成我们自己独特的文化标识。几千年来传统文化为我们提供了安身立命的精神空间,中华民族在传统文化的浸染下,繁衍发展、承继过去、开拓未来。在近代中国被迫走上现代化道路之后,传统文化受到了非理性反传统的挑战,传统虽然在今天看来并没有像其他文明一样被生生"折断",但很多美好的东西似乎正在失去。比如在道德上,很多人习惯站在道义制高点对别人评头论足,自己却在不知不觉中沦为社会负面现象的助推者,而传统文化强调的是发挥主体性,强调高度自觉性的慎独和"讷于言而敏于行"(《论语·里仁》)的实践。

在历史发展中,传统文化为我们提供了发展的实践基础。当前社会现实为什么呈现的是这样的态势,而不是那样的?为什么我们要坚定不移地走中国特色社会主义道路,而不是其他的邪路歪路?我们为什么必须坚持社会主义制度,而不能接受西方学者提供的"灵丹妙药"?一切皆源于传统。因为"历史虽然是过去发生的事情,但总会以这样或那样的方式出现在当今人们的生活之中。我国传统思想文化根源在社会生活本身,是人们思想观念、风俗习惯、生活方式、情感样式的集中表达。古代思想文化对今人仍然具有很深刻的影响"[②]。确实如此,马克思主义之所以能够中国化,就是因为马克思主义的主要内容和中国传统文化具有内在逻辑的一致性,比如中国传统文化强调现实世界、注重辩证法、追求大同社会、看重集体利益,

---

① 陈来. 中华文明的核心价值:国学流变与传统价值观[M]. 北京:生活·读书·新知三联书店,2015:10.
② 习近平. 论党的宣传思想工作[M]. 北京:中央文献出版社,2020:89.

而这些内容正是马克思主义的精髓。当马克思主义传入中国后,人民群众有一种天然的亲切感,容易被接纳。因此,习近平总书记指出:"实现中国梦必须走中国道路。这就是中国特色社会主义道路。这条道路来之不易,它是在改革开放30多年的伟大实践中走出来的,是在中华人民共和国成立60多年的持续探索中走出来的,是在对近代以来170多年中华民族发展历程的深刻总结中走出来的,是在对中华民族5000多年悠久文明的传承中走出来的,具有深厚的历史渊源和广泛的现实基础。"① 中国传统文化是中国特色社会主义的历史底色,是我们发展进步的根脉所系。对当今时代的理解和认识,要从历史中找渊源,才能获得认识的根源、理解的前提,才能增强我们的道路自信、理论自信、制度自信和文化自信。

2. 中国传统文化的普遍性价值

什么是中国传统文化的普遍性呢?这里主要指的是中国传统文化的一些精神和价值对全世界的普遍适用性,即中国传统文化是否具有这种特点?其他文化有没有这种特点?全世界的文化是否具有达成共识的公约性?《联合国宪章》《世界人权宣言》等国际性的法律法规已经在某些方面形成了文化共识,但这些内容对世界和谐发展和人类的福祉追求远远不够,因为它们直到今天也没有改变一些国家对世界上其他国家以各种形式进行强权霸权的情形。在全球化的今天,世界和谐事关人类的平等和尊严,事关人类的存续与发展,而这一切的关键在于在世界范围内形成文化的沟通和理解。

自古以来,人类就在处理人与自然、人与人、人与自我等三大领域的关系中发展着。进入后工业化时代,这三种关系更是引起世界范围的关注和讨论,如何处理人与自然的关系更是重中之重。面对日益恶化的生态危机以及由此引起的人与人、个人与自我关系的变动,中西方有志之士,都把目光投向了中国传统文化。为什么世界要把目光投向中国传统文化去汲取其中的智慧呢?这绝不是简单的中西文化互补问题。美国学者塞缪尔·亨廷顿(Samuel P. Huntington)撰写的《文明的冲突与世界秩序的重建》认为,世界上目前有7种或者8种文明。这些文明本来在对话的基础上可以形成一些重要的共识,但目前并未达成。因为从资本主义开拓世界市场开

---

① 习近平. 习近平谈治国理政[M]. 北京:外文出版社,2014:39-40.

始,西方文化常常以主导者的身份出场。文化人类学家本尼迪克特(Ruth Benedict)曾说过:"西方文明总是企图将他们的地方性行为,或把他们自己的社会化习惯与人类本性证为同一。"①直到今天,西方文化都很少愿意低下他们"高贵"的头。

中国传统文化极为重视"和"的观念:天时不如地利,地利不如人和。天、地虽然都是华夏子民们极为重视的存在,但真正的落脚点,不是由人世走向天堂,而是由上天回落地上,又回到人本身。人与人之间强调"和为贵"。正是这样一种追求和谐的思想,使得中华民族一直强调与其他民族和国家和谐相处。郑和下西洋始于1405年,先于哥伦布(1492年)八十余年,并且人数众多——郑和船队一般有27000余人,哥伦布船队最多时只有1000人。郑和先后到达很多亚非国家,但从来没有想过把文明程度比较低、技术比较落后的国家和民族占为己有,相反给他们送去的是中国的丝绸、茶叶和精美工艺品等文明成果。长城,作为早期民族融合过程中对游牧民族的一种防御,在不经意间成为世界八大奇迹之一,代表的也是中华民族不愿意侵略,甚至不愿意与别人发生战争的一种和平期望。当然,还有其他多种理念逐渐得到广泛认可,如果真的予以吸纳的话,对人类的未来将是一种福音。

陈来先生在数年前曾提出了价值的"多元普遍性"问题。他认为东西方都具有普遍性的观念,这些观念在世界范围内都可以使用,"正义、自由、权利、理性个性是普遍主义的价值,仁爱、礼教、责任、社群、内心安宁也是普遍主义的价值"②。显然,前者是西方文化提出的价值理念,但目前来看,"正义、自由、权利、理性个性"仅仅局限于西方的理解,并没有得到世界范围内的承认,而"仁爱、礼教、责任、社群、内心安宁"则是东方的传统价值,这些价值目前更具有世界性的意义,因为东方文化从来都是"己所不欲,勿施于人"(《论语·颜渊》),"中华文明对外部世界秩序的政治想象和处置态度是以礼治—德治为中心的,这是从其本部事

---

① 露丝·本尼迪克特. 文化模式[M]. 王炜, 等, 译. 北京: 华夏出版社, 1987: 5.
② 陈来. 中华文明的核心价值: 国学流变与传统价值观[M]. 北京: 生活·读书·新知三联书店, 2015: 63.

第一章 中国传统文化育人功能概述

物'道之以德，齐之以礼'延伸出来的"[1]。

中国传统文化具有的这种普遍性首先表现在人和自然的关系上。首先，在处理人类和自然的关系上，西方文化主要体现为崇拜自然—征服自然；中国文化体现为崇拜自然—协调自然。我们所提倡的"天人合一"不仅是处理人和自然关系的准则，更重要的是人的内在性超越，对创造人类的自然的尊重和感恩，是一种"民胞物与"（北宋·张载《西铭》）的价值理念，带有深深的德性伦理意识。其次，在处理国与国关系上，中国强调亲、诚、惠、容的外交理念，正是和谐文化的体现。再次，在处理人与社会的关系上，我们强调责任意识、义务为先。对社会来说，我们强调的是付出和奉献。历史上中国的发明不可谓不多，但发明者并没有拘泥于个人私利，而是与人分享，这也是为什么专利制度不是在中国产生的原因。最后，在处理人与人之间关系上，我们强调的是"己所不欲，勿施于人"，提醒换位思考，形成理解别人的实践理性。现实中，"己所不欲，勿施于人"的理念目前已在世界范围内得到了肯定，并加以弘扬。

（三）传统文化与思想政治教育

以德性见长的中国传统文化与思想政治教育有着非常紧密的联系。中国传统文化有着丰富的思想政治教育内容、有着鲜明的教育特色，其与思想政治教育有着密切相关的三个基本性问题，即人性、主体性与信仰性。人性是对人自身进行认识的根本性问题，也是进行理论推演的前提，对人性善恶的不同回答会形成大相径庭的教育理论架构。如果说人性是基于人本身来理解人的话，主体性则是基于人与客体的互动关系来认识人。进一步来看，具有主体性的人之所以能够与客体形成互动，是因为人具有一定的认识、意志和品格，而这些精神活动最深层次的体现则为信仰。信仰是现实生活中的人追求终极价值、建构有意义生活的最高精神指引。因此，这三个方面是传统文化开展"以文化人"的根本，相对于思想政治教育的内容、特点与方法而言，属于前置性的问题。

---

[1] 陈来. 中华文明的核心价值：国学流变与传统价值观[M]. 北京：生活·读书·新知三联书店，2015：66.

中国传统文化融入高校思政课社会主义核心价值观教育研究

1. 传统文化中的人性

人性问题是中国哲学中的重大问题,是"中国伦理思想体系的基础"[①]。儒家最早关注了人性,提出了性善/性恶的理论预设。这里存在一些问题:为什么人性问题到了春秋战国时期才被关注,才有各种各样的人性观点?难道西周之前就没有对人性的思考吗?此回答涉及中国传统文化的人本转向问题。西周之前,人们更多信奉的是天,西周之后,天的至高无上地位逐渐被人所取代,统治者开始强调礼乐教化的作用。随着西周的衰落,各种僭越礼制的行为带来了社会混乱,如何恢复和谐稳定的秩序,成为当时知识分子思考的核心问题之一。而社会治乱的根由在于现实生活中的人如何作为,这就涉及了人的根本性问题。

于是,早期的儒家就开始从根本——人性上来思考人的问题了。这种对人性的思考,是他们教育理论的前提和基础。"性相近也,习相远也。"(《论语·阳货》)先天的人性是相近的,没有太大差别,由于受到的影响不一样,因而产生了很大差别。先天的人性到底在什么样的维度上是相近的?是恶的,还是善的?孔子并没有说明。有人通过《论语》中的有关论述,认为孔子是性善论;也有人认为孔孟思想极为一致,孟子作为孔子思想的发扬者,鲜明地提出了性善论,应是继承了孔子关于人性的看法。值得关注的是,"习相远"是开展人的教育的根据。孔子说的"绘事后素"就如同在白纸上作画,这就是教育。既然要通过教育为人性"涂色",就不能有选择地去做,就要做到有教无类,并坚持用"文、行、忠、信"等正确的内容去影响教育对象。

孔子之后,孟子明确提出了人性善。孟子认为,恻隐、羞恶、恭敬、是非所组成的"四心"是"非由外铄我"(《孟子·告子上》)的天生本性,人如果没有这些善就不是人了。人性为什么天生就是善的?孟子举了一些例子,比如看到孩子马上要掉到水里,每个人都有惊恐同情的心理,这种心理的产生并非是因为与孩子的父母认识、也并非为了得到乡党的赞誉或者不喜欢孩子的哭叫声等外界原因,而是人性使然!因此,"人性之善也,犹水之就下也。人无有不善,水无有不下"(《孟子·告子上》)。然而,人性虽然是善的,但人在现实生活中口、耳、目、心等总会受到外界的诱惑,

---

① 张岱年,方克立. 中国文化概论[M]. 北京:北京师范大学出版社,2004:25.

第一章　中国传统文化育人功能概述

人总要受后天环境的影响，因此，要通过教育来"求其放心"（《孟子·告子上》），寻找那被放逐了的初心和善端。

孟子的心性说影响深远，后世董仲舒、李翱、张载、"二程"、朱熹、王阳明等人进一步对人的本性扩充深化，特别是宋儒对人性的认识更为深刻，把人性与天性贯通起来进行考量，形成中国传统文化中蔚为大观的心性理论。这种人性假设赋予了中国传统文化以美的色彩，深刻影响了中国传统教育的进路和文化的传统，使它们呈现道德主义的倾向，这与西方性恶论与原罪说影响下的文化传统有着截然不同的区别。

与孔孟相区别的人性论，还有告子的人性无善恶和荀子的性恶论。由于告子的人性论对后世影响不大，在此不再阐述。与孟子相反，荀子提出了人性是恶的观点。在《性恶》篇中，他针对孟子的观点进行了一一反驳，认为人性乃天之所就，"不可学、不可事"，凡"所学而能，所事而成"之在人者谓之"伪"。在荀子看来，人"生而好利焉""生而有疾恶""生而有耳目之欲"，这些都是与礼义相反的，因此人性为恶。也许荀子的人性假设不及孔孟那样受到更多人的欢迎，但荀子的思想更是教养哲学的体现。他的这种人性低估为教育的必要性提供了更为重要的逻辑起点和思维空间：正因为人性恶，"君子之学"才成为扭转人性中"偏险不正""悖乱不治"的必然。荀子人性恶的思想也深刻影响了韩非和李斯，他们所提倡的法治从另一个方面引导着教育的发展。

无论先秦儒家对人性善恶如何界定，他们都肯定了"天地之性人为贵"（《孝经·圣治》），都把人性当作人学的一个出发点，进而强调在礼崩乐坏、争霸斗强的不道德社会培养出内外兼修的道德之人。他们和后世诸子对人性的深刻认识开启了中华文明向纵深发展的立论之门，为各种教育思想的产生做了理论上的铺垫。人类直到今天还处在对人性的追问之中，也许还要经历更为漫长的探索过程，但殊途同归于教育改变人的存在的结论则永远启迪着人类的自我发展与完善。

2. 传统文化的主体性问题

这里的主体性是指人在与外界互动关系中呈现出来的地位和价值，体现着自觉、能动的特征。近代社会以来，很多学者持中国传统文化没有主体性之说，认为中国人被淹没在道德整体性的洪流之中了。这些学者有的

11

受西方个人主义影响,认为中国传统文化没有突出人的独立自主的个性特征;有的受宋朝理学家程颢"存天理,灭人欲"观点的影响,认为人性泯灭于严苛的礼序中。然而事实并非如此,在本真意义上,"存天理,灭人欲"并不是要把人的一切欲望都消灭掉、抑制住,而是指"人化物也者,灭天理而穷人欲者也。于是有悖逆诈伪之心,有淫泆作乱之事"(《礼记·乐记》)。

即便受此误解,在根深蒂固的文化传统中,人的主体性不是没有,而是生机盎然。传统文化极为重视人的存在与发展,在对人性进行深刻反思的基础上强调主体的自我掌控,通过个体内在修养的提高而达致外在事功的实现是教育的价值指向。在成为道德高尚之人的道路上,孔子反复强调:"为仁由己,而由人乎哉?"(《论语·颜渊》)"仁远乎哉?我欲仁,斯仁至矣。"(《论语·述而》)"当仁不让于师"(《论语·卫灵公》),"见贤思齐焉,见不贤而内自省也"(《论语·里仁》),等等。"为仁"是自己的事情,不是外界强制我去为善向道,而是自我选择的道德自觉。只要主观上追求仁,那么仁就不会离我们太远,我们就能实践仁。实践仁当然要受自身条件和外界环境的制约,对此,孔子说:"笃信好学,守死善道。危邦不入,乱邦不居。天下有道则见,无道则隐。"(《论语·述而》)环境的允许不允许只是外在因素,拥有高尚道德的人如何去做完全取决于个人。

孔子之后,孟子、荀子等诸子更是高扬这种主体性。孟子认为:"仁、义、礼、智,非由外铄我也,我固有之也,弗思耳矣!"(《孟子·告子上》)"舜,人也;我亦人也",因此"人皆可以为尧舜"(《孟子·告子下》)。面对利和义的选择,"生"是我想要的,"义"也是我想要的,当二者不能兼得的时候,应舍生而取义。人的生命具有至高的价值,为什么面对生死考验的时候,孟子号召为义舍生呢?这是因为人活着有其精神上的意义和心灵的归宿。荀子也说:"见善,修然必以自存也;见不善,愀然必以自省也。善在身,介然必以自好也;不善在身,菑然必以自恶也。故非我而当者,吾师也;是我而当者,吾友也;谄谀我者,吾贼也。"(《荀子·修身》)以何种态度生活完全由个人来决定,别人如何对待自己,以及个人以何种方式来回应,完全由道德的理智在发挥作用。先秦儒家之后,历代大儒莫不高扬人的主体意识，董仲舒、韩愈、"陆王""程朱"皆把人作为发展儒学的出发点。在主体的能动性上，也许儒家的"知其不可而为之"这句话最能够体现出来①。

"三军可夺帅也，匹夫不可夺志也。"（《论语·子罕》）在主体性中，价值观是引导环节，并最终影响其根本特征。与西方文化强调个人主义的主体性相比，中国传统文化的主体性通常以德性导向的方式展现出来。并且，这种德性特征使中国传统文化在两个维度上表现得极为明显：一是作为单个人展示出来的独立精神；二是作为价值依归的集体主义。后者涵盖前者，但并非是一种生硬的管制，而是一种无形引力的引导。作为个体，总是在发展主体性的道路上克服种种困难，同时这种发展又是存在于整体善的轨道之中。正是这个特点构成了中国传统文化的主流，形成了历史合力，推动中华民族始终以一个整体而存在，虽然历史上存在一些违背主体性特征的丑恶行为，但在巨大的历史洪流面前，只是蚍蜉撼树。

主体性在长期的发展演化过程中形成了勇于担当的责任意识。比如"吾日三省吾身：为人谋而不忠乎？与朋友交而不信乎？传不习乎？"（《论语·学而》），"富贵不能淫，贫贱不能移，威武不能屈，此之谓大丈夫"（《孟子·滕文公下》）"自知者不怨人，知命者不怨天；怨人者穷，怨天者无志"（《荀子·荣辱》），"仁之法，在爱人，不在爱我；义之法，在正我，不在正人"（《春秋繁露·仁义法》）以及范仲淹、张载、文天祥、王阳明、顾炎武、黄宗羲、龚自珍、林则徐、王国维等人写下的振聋发聩的名言警句："先天下之忧而忧，后天下之乐而乐""为天地立心，为生民立命，为往圣继绝学，为万世开太平""人生自古谁无死，留取丹心照汗青"……他们不但有这样的责任意识，而且也身体力行。正是这样的主体性成为中华民族精神的主体。

3. 传统文化的信仰性问题

信仰是一个人或一个群体对某种价值观念的高度认同，并以这种价值观念作为自己行动指南的文化心理活动。侯惠勤称之为"超越个体生命有

---

① 注：相对于儒家积极的入世态度，道家看似有些超脱，但从道家的经典文献《道德经》来看，道家也极为重视人的主体意识，只不过强调要顺从自然。

中国传统文化融入高校思政课社会主义核心价值观教育研究

限性的精神追求"①。在一定意义上,信仰是思想政治教育的根本,它体现着教育的目标和价值追求。信仰有多种表现形式,有科学的、有迷信的,有理性的、有非理性的,有宗教性的、也有世俗性的,等等。"人民有信仰,民族有希望,国家有力量"②,无论是个体还是群体都有自己的信仰,没有信仰的人和群体是走不远的。中国传统文化历经几千年的发展形成了自己的典型信仰——德性信仰,即对德性极为推崇,德性传统成为中国文化发展的内在动力之一。

近代康有为曾指出:"中国之人心风俗礼仪法度,皆以孔教为本,若不敬孔教而灭弃之,则人心无所附,风俗败坏,礼化缺裂,法守扫地。"(《康有为政论集·乱后罪言》)有人说中国人没有信仰,这是一种极其狭隘的宗教信仰唯一论认识。正如前文所说,信仰有很多种分类,与西方文化的宗教信仰不同,中国传统文化的德性信仰是一种世俗性的信仰。因为根据信仰的三个特征,即"某种终极目标的意蕴""某种'心智一体'的特性""'知行合一'的品格"③来看,中国传统文化的德性追求完全是一种信仰。成为道德高尚的人是中国人毕生的追求。在传统文化看来,成为一个道德高尚的人不仅是自己立身的根本,更是人区别于动物的标志。在实际生活中,不管遇到多大的困难,有德者从不埋怨外界有没有赋予他从善的机会,而是不停地自我反思,始终如一地去实践道德,发展自己的德性意识和道德能力。

传统文化的礼仪则是道德外显的形式。如果非要把中国的道德信仰和西方宗教信仰相比较的话,各种各样的礼仪可相当于西方宗教信仰中的那些仪式。传统文化中,从国家治理到普通民众的日常交往都有礼仪的严格规定,一些违背礼仪的行为则被视为犯罪,即"出礼入刑"。礼仪渗透着道德的因素,是否懂礼是一个人修身的重要标志。在对待礼仪上,要求的心理状态是"诚"。诚者,精诚之至也,不精不诚,不能动人。道德践行者,施礼时如果心不诚,则会表里不一,虽有外形,但表现出来的状态却使对

---

① 侯惠勤. 马克思的意识形态批判与当代中国[M]. 北京:中国社会科学出版社,2010:463.
② 中共中央文献研究室. 习近平关于全面建成小康社会论述摘编[M]. 北京:中央文献出版社,2016:122.
③ 侯惠勤. 马克思的意识形态批判与当代中国[M]. 北京:中国社会科学出版社,2010:471.

第一章 中国传统文化育人功能概述

方感觉到"伪""诈""欺"。因此,中国的道德信仰并不仅仅是一种心理上的认同,在日常行为上也有其明确的表现形式。正是这种道德心理和道德仪式使德国社会哲学家赫尔曼·凯泽林(Hermann Keyserling)于1912年在中国旅行时说:"我第一次发现自己面对着以道德作为其最深要素的一类人。"①

从"轴心时代"开始,先秦诸子就为中国传统文化涂上了这种道德底色。占据中国传统文化主体内容的儒道释都提出了关于人如何存在的问题。如果分别用一个词来概括的话,儒家是"当仁不让"、道家是"顺其自然"、释家是"注重因果",它们共同聚焦于如何成为有道德的人。其中,儒家更是根据道德水准的高低,对人进行了多维区分,如圣人、大儒、雅儒、俗儒、君子、俗人、士、小人等。圣人的道德品格是最高的,也是德性培养最难达到的高地,是指具有高山仰止般完美人格的人,显然,这样的人是很少的。儒家所说圣人,多指尧、舜、禹、汤、文、武、周公以及之后的孔孟。他们为中华民族的后代子民们立下了道德标杆,我们就一代一代地进行道德实践,"自天子以至于庶人,壹是皆以修身为本"(《礼记·大学》),争做"内圣外王"之人,在个人道德修养达到一定的高度之后,再来服务他人,实现个人社会价值,最终达致个人修养和外在事功的统一。

西方宗教信仰中,个人与上帝"对话",向上帝忏悔,以求赎罪。这个过程是单个人的,只是由宗教仪式把每个人统一在一起,在祈祷的时候各自完成,至于祈祷之后,这个人是否有很大的改进,没有外在的证明。所以,西方的政治家在做完祈祷之后,同样可以为了本民族的利益发动对其他国家和群体的大规模屠杀。中国的道德信仰则不一样。中国人的生活环境从开始就是高度社会化的,个人的道德修养时时刻刻置于群体性的关注之下,内心的"圣"与外在的"王"始终是互动的,如果出现悖论,则会招致很多的负面评价,对做人的根基是动摇性的打击,因此,中国的道德修养强调内与外的一致性。同时,拥有道德信仰的人,对别人的侮辱和诋毁有时显得极为宽容,多数人会认为清者自清,没有必要与对方过多计较。

---

① 何兆武,柳卸林. 中国印象:外国名人论中国文化[M]. 北京:中国人民大学出版社,2011:240.

正如本尼迪克特在《菊与刀》中所说："在中国伦理观中，一个人突然开始使用不正当的暴力来肆意报复所遇侮辱是错误的。"[1]

廖申白将德性划分为三种境界——达己达人：仁者境界；极高明而道中庸：仁且智者境界；民胞物与：天地境界。[2]显然，仁者境界只是道德的一个层面，真正的圣德则是参悟天地的天人合一。正是这种深刻道德力的影响，中国人在几千年的生活过程中，都以处理好人与自然、人与社会、人与自我的关系为核心，形成了以道德为统率的社会生活方式。这种信仰方式自成系统，有自己的价值目标、修养方法、心理内容等。自明末清初一直到西方入侵近代中国后，西方有大量的传教士到中国传教，试图把基督教的"原罪"移入中国，但并不为人们所认同，基本上没有取得任何成功。即便在民间有些信教群众，但总体上，他们并没有把宗教当作纯粹的信仰，而是带着世俗功利的目的，希望自己的某个事情有一个好的结果，或者取得一些心理上的安慰。

正是中国道德具有的这种功能，梁漱溟先生认为"中国以道德代宗教"，"道德为理性之事，存于个人之自觉自律。宗教为信仰之事，寄于教徒之恪守教诫。中国自有孔子以来，便受其影响，走上以道德代宗教之路。"[3]一些研究中国文化的西方学者也认为，中国传统文化就有这些功能，比如美国加州大学的列文森（J. R. Levenson）写了《儒教中国及其现代命运》，德国社会学者马克斯·韦伯（M. K. E. Weber）写了《中国的宗教：儒教与道教》，类似的研究还有不少。他们从与宗教比附的视角，对传统文化进行研究。

（四）中国传统文化与马克思主义的融通

由马克思、恩格斯创立的马克思主义绝对不是马克思、恩格斯天才式的空想产物，其本身也是继承传统文化的产物。在创立马克思主义的过程中，马克思、恩格斯对前人的成果，主要是德国古典哲学、英国古典政治经济学和法国空想社会主义进行了充分理解消化，才实现了理论的突破。

---

[1] 鲁思·本尼迪克特. 菊与刀——日本文化的类型[M]. 吕万和, 熊达云, 王智新, 译. 北京：商务印书馆，1990：102.

[2] 廖申白. 伦理学概论[M]. 北京：北京师范大学出版社，2009：30-34.

[3] 梁漱溟. 中国文明的命运[M]. 北京：中信出版社，2012：46.

第一章 中国传统文化育人功能概述

有人说马克思主义也是一种西方文化,但问题是为什么产生于西方文化背景的马克思主义能够得到东方国家的认同?为什么马克思主义能够在具有几千年文明史的中国大地上开花结果?长期以来,很多学者从真理性视角来认识马克思主义,认为马克思主义是一种先进的指导思想,符合中国的现实需要。确实如此,但这只是问题的一个方面,仅仅是从实践立场上认识的结果,因为当时所谓的宪政思想、无政府主义、社会达尔文主义等都在中国破了产,中国确实需要一种更为先进、更具有代表性的思想来指导中国革命的发展。问题的另一个方面是,马克思主义之所以被中国人所接纳,最主要的原因是中国文化传统的精神与马克思主义有着内在的一致性。中国传统文化在长期发展过程中,孕育出了一些朴素的唯物主义、辩证认识论、大同理想等。当然,这些思想与马克思主义相比显得有些粗糙,但正是由于这些囿于时代限制的认识论、辩证法、道德观等诸多方面成为马克思主义中国化的先在条件,成为中国人接受马克思主义的精神前提。① 也就是说,中国传统文化与马克思主义存在诸多融通之处,中国传统文化与马克思主义虽然有着时代性的区别,但其在内核上有着较为一致的精神追求。这也是今天我们认为在马克思主义指导下的思想政治教育能够借鉴中国传统文化的原因。

1. 大同理想与共产主义

人类从"轴心时代"开始就形成了关于理想社会的思想,《礼记》和《理想国》是其中的典型代表。这两部产生于人类文明时代初期的著作虽然都表达了对美好社会的向往,但中国古代思想家所描述的理想社会形态和古希腊思想家有所不同。《礼记·礼运》的描述是:"大道之行也,天下为公,选贤与能,讲信修睦。故人不独亲其亲,不独子其子,使老有所终,壮有所用,幼有所长,鳏寡孤独废疾者皆有所养,男有分,女有归。货恶其弃于地也,不必藏于己;力恶其不出于身也,不必为己。是故谋闭而不兴,盗窃乱贼而不作,故外户而不闭,是谓大同。"这是典型的大同社会描述,它描绘了具有崇高道德价值理想的社会形态。而《理想国》虽然也描述了一种理

---

① 学者李学俊通过研究撰写了《中国古代的社会主义》一书,他认为,中国是社会主义的故乡,中国古代虽然没有"社会主义"这个词汇,但早就有了丰富的社会主义理论。参见李学俊.中国古代的社会主义[M]. 北京:知识产权出版社,2017.

中国传统文化融入高校思政课社会主义核心价值观教育研究

想社会形态,但在它的社会生活中人是分统治阶层、武士阶层、平民阶层的。这与强调人与人平等的中国大同思想完全不一样,在一定程度上也反映出西方文化的特点。

体现在《礼记·礼运》中的大同思想不仅仅是儒家的社会理想,其他学派也有类似价值观念,其中最为突出的是墨家。萧公权先生认为:"墨子乃一平民化之孔子,墨学乃平民化之孔学。"① 又因为墨子出身平民,其所倡导的"兼爱",直挞门阀阶级,注重"尚贤尚同""非攻节用",实在具有超越孔子的差等之爱之彻底性。因为这个特点,墨家广受欢迎,在与儒家并存的时代中,其传播范围甚于后者。虽然墨家在后世没有继续得以发扬光大,但其思想却以各种形式化于民众之中,成为中国文化的重要组成部分。道家历来被认为是消极遁世之学说,实则不然。它虽有消极成分在内,但更多的是在寻求一个更和自然状态相吻合的"至德之世",在这样的社会中,人民"甘其食,美其服,安其居,乐其俗"(西汉·司马迁《货殖列传》),由于这种特点,有人曾怀疑"礼运"来自"周秦间老庄之徒所撰"②。在中国历史上,较为明确地提出大同理想的还有农家,倡导"并耕而食",没有压迫、没有脑体分工。

大同理想是中国传统文化的主流价值观念,是早期中国人对理想社会的一种期待。这种期待反映了中华文化的整体主义特征和中国人的崇高情怀,它对中华民族共同体意识的发展有着重要启发意义。从中国历史发展来看,大同理想除了在理论上以这样或那样的方式被勾画出来,比如汉代《春秋·公羊传》中的"所传闻世"、东晋陶渊明幻想的世外桃源、康有为提出的"太平世"理想等,每当封建专制王朝统治末期社会矛盾激化到发生农民起义的时候,体现大同社会特征的男女平等、均田分粮往往成为最激动人心的口号之一,最为突出的有东汉末年张角所宣传的"太平道"、唐末王仙芝起义提出的"均平"、明末李自成提出的"等贵贱、均田免粮"等,清末太平天国所制定的《天朝田亩制度》规定"有田同耕,有饭同食,有衣同穿,有钱同使,无处不均匀,无人不饱暖"更是大同社会的实践化探索。在这些重大历史事件中,大同理想一直以各种方式呈现出来,成为

---

① 萧公权. 中国政治思想史 [M]. 北京:新星出版社,2010:86.
② 萧公权. 中国政治思想史 [M]. 北京:新星出版社,2010:50.

凝聚被压迫阶级力量的价值观。这似乎成为了历史的规律：每当社会遭遇大的危机，大同理想总能一次次被高扬，因此，近代中华民族面临空前危机的时刻，以共产主义社会为最终目标的马克思主义很快就得到中华儿女的理解和认同。

马克思主义的经典著作《共产党宣言》对未来社会做了深刻描述："代替那存在着阶级和阶级对立的资产阶级旧社会的，将是这样一个联合体，在那里，每个人的自由发展是一切人的自由发展的条件。"① 这是一个超越资本主义异化的社会，是人的自由得以充分实现的社会，是公平正义为价值导向的社会。在这样的社会里，人们可以"上午打猎，下午捕鱼，傍晚从事畜牧，晚饭后从事批判"②。人类社会的第一个前提是物质资料的生产，马克思、恩格斯描述的这种理想状态是在生产力高度发达基础上才能够实现的。中国传统文化中的大同理想与此比较来看，只能是一种空想社会主义，毕竟大同理想没有看到社会发展的真正动力所在。由于时代所限，大同理想的倡导者们不但不可能预见到阶级所起的作用，甚至还存在唯心史观的成分，但是这种空想主义在社会建设的终极目标、社会治理模式、人与人之间的关系、个体生活状态等方面与科学社会主义具有深刻的一致性。

2. 辩证思维与唯物辩证法

相对于西方文化形式逻辑的发达，中国传统文化呈现出辩证思维丰富的特征，正因为此，一些人曾片面地认为中国传统文化中没有所谓的"真正的哲学"。这本是早已错误的说法，在此就不再从哲学本体论上进行明辨了。从早期《易经》《洪范》开始，到先秦诸子著作（其中显著者如《道德经》《孙子兵法》），再到宋明儒学、清朝朴学，中国传统文化充满了辩证思维的特点。这个特点不单单体现在儒家文化中，其他各家同样蕴含着辩证法。值得一提的是，在中国文化话语体系中，一些充满着辩证法智慧的成语，如阴阳互补、动中有静、合二为一、一分为二、盛极而衰、防

---

① 中共中央马克思恩格斯列宁斯大林著作编译局. 马克思恩格斯选集（第四卷）[M]. 北京：人民出版社，2012：647.
② 中共中央马克思恩格斯列宁斯大林著作编译局. 马克思恩格斯选集（第一卷）[M]. 北京：人民出版社，2012：165.

微杜渐、相辅相成、执两用中、祸福相依、大器晚成等都具有极为广泛的适用性，成为引导广大中国人理性思考、科学发展、和谐生活的智慧根源和价值观念。现在我们所熟知的人类命运共同体、人与自然的关系、中医治疗与养生等都是辩证思维的产物。

哲学是时代精神之精华。中国传统文化的辩证思维也经历了一个萌芽、发展、完善的过程。在这个过程中，中国的辩证思维在其发展中形成了统领性概念、基本范畴等。在统领性概念中，道家的"道"和"太极"为世人所共知，其中"道"的观念影响更大。老子认为，世间万物皆由道生发而出，即"道生一、一生二、二生三，三生万物"。（《道德经》第四十二章）另外，源自《庄子》的"气"也在后世得以弘扬，张载、王廷相、王夫之、戴震等人都对此有过深刻论述。在这些统领性概念的影响之下，中国哲学形成了以"祸兮，福之所倚；福兮，祸之所伏"（《老子》第五十八章）为代表的联系观范畴，以"穷则变，变则通，通则久"（《易传·系辞传下》）为代表的发展观范畴，以"有象斯有对，对必反其为；有反斯有仇，仇必和而解"（《正蒙·太和篇》）为代表的矛盾观范畴。围绕这些范畴，又形成了一系列的观点，如联系的普遍性、矛盾的绝对性、变化的条件性等。中国传统文化的辩证思维在漫长发展过程中，形成了一个庞大的、结构完整的理论体系。这些内容虽然还不是那么科学，但大体上为中国人理解唯物辩证法中的三大规律提供了深刻的哲学理解共识。毛泽东的《实践论》《矛盾论》正是马克思主义与中国传统哲学思想结合的产物。

辩证思维在唯物主义和唯心主义中都占据一席之地。通过历史来看，唯心主义曾一度强大，特别是一些宗教思想和宋明心学思想，但从整体上看，唯物主义始终作为一面大旗在中国传统文化的天空中猎猎飘扬。马克思主义把唯物主义划分为三个阶段：第一个阶段是朴素唯物主义，第二阶段是机械唯物主义，第三阶段是辩证唯物主义。由于认识的局限，朴素唯物主义把世界的本源归结为某一种具体的物体，我国传统文化的辩证思维就属于第一阶段。这个特征从《洪范·九畴》开始，它认为万物的基础在于金、木、水、火、土，之后是荀子、王充、范缜、王夫之等。他们之中，虽然王夫之提出了"诚""实有"这一高度抽象的范畴来标识物质客观实在性，但在本质上离马克思主义所说的"物质"概念还有较远距离。因为马克思主义所说的世界物质统一性是经过人类实践发展到自然科学较为发达阶段后,在以细胞学说、能量守恒定律、生物进化论等三大发现基础上得出的具有科学性的结论。而王夫之生活的时代正是中国封建社会的没落时期,中国的科技远远没有达到这个程度,但正是这种一以贯之的朴素世界观为我们接受科学的思想确立了前提。

恩格斯指出:"每一个时代的理论思维……都是一种历史的产物,它在不同的时代具有完全不同的形式,同时具有完全不同的内容。"[①] 因为中国传统文化的基本特点,传统辩证思维虽然也具有强大的哲学张力,但它更具伦理性特点。特别是矛盾论,虽然传统文化有大量论述,比如"耦之中又有耦焉,而万物之变遂至于无穷"(《洪范传》),强调矛盾无处不在、无时不有,每时每刻都在变动之中,但在矛盾的解决上,辩证思维所追求的最高形式是"和",这种"和"体现的是中庸之道。张载在《正蒙·太和篇》中曰:"有象斯有对,对必反其为;有反斯有仇,仇必和而解。"矛盾最后是怎么解决的呢?是"和而解",体现的不是波浪式前进、螺旋式上升,这就是很多学者所认为的。中国辩证思维的最大特点是同一性大于斗争性,追求同一性对形成和谐人际关系无疑具有积极意义,但对其他方面,比如科学技术的发展、社会建设的进步却没有体现出应有的革命性。这是优点,也是不足。这种不足随着马克思主义传入中国而得到改善。新民主主义革命以来,传统辩证思维在马克思主义辩证唯物主义的指导下逐渐转化为中国革命和建设的精神动力。

3. 经世致用与实践性特征

中国传统文化具有鲜明的经世致用特点。如果说西周之前,"天"的观念还具有较大影响的话(实际上,这种人格化的"天"也被涂上人世间的色彩,"以德配天"即是如此),那么西周之后,"天"的神话特征就开始让位于其规律性特征。从孔子"不语乱力怪神"开始,中国传统文化注重世俗化的倾向就逐渐凸显出来,强调所有的理论、学说、观点的最终目的都是为了解决人以及人世的问题。这个特点连具有超越性的老庄也强

---

① 中共中央马克思恩格斯列宁斯大林著作编译局. 马克思恩格斯选集(第四卷)[M]. 北京:人民出版社,1995:284.

中国传统文化融入高校思政课社会主义核心价值观教育研究

调"应帝王"。可以说,"备物致用,立成器以为天下利用"(《易·系辞上》)的特点,在古代文献中随处可见。比如《论语·学而》中曾有这样一段话:"贤贤易色,事父母,能竭其力,事君,能致其身,与朋友交,言而有信。虽曰未学,吾必谓之学矣。"为什么说虽然没有学,但我一定说他学了呢,就是因为理论最终是为了走向此岸世界、而非停留在彼岸世界。针对这个特点,司马迁说:"天下一致而百虑,同归而殊途。夫阴阳、儒、墨、名、法、道德,此务为治者也。"(《史记》)各家各派皆应时而为、应运而生,都是为了社会治理。世事洞明皆学问,人情练达即文章。经世致用要求在道德选择上要有权变。实践理性的根基在于现实,时变事亦变,要根据变化了的实际情况进行变通。在《孟子·离娄上》上有这样一个对话,淳于髡问孟子说:"男女授受不亲,礼与?"孟子认为当然是礼了。淳于髡又说,如果嫂子溺水了,需要伸出援手吗?孟子说,嫂子溺水而不伸手施救,是豺狼之为。男女授受不亲是礼,但"嫂溺,援之以手者,权也"(《孟子·离娄章句上》)。这种权变实际是在一个更高道德原则前提下,对低一级道德原则的舍弃,这种权变虽然否定了男女授受不亲,但在更大程度上肯定了人的生命权益。类似的例子还有孔子对管仲的评价。管仲先侍主公子纠,后来又相于公子小白齐桓公,这在先秦的知识分子看来是应该批评的,但孔子认为管仲能够协助齐桓公实现大业,使很多人免遭杀戮,是极大的"仁",应予以肯定。

在李泽厚先生看来,中国传统文化的经世致用是一种实用理性(以区别于康德的实践理性)。这种实用理性本质上是实践的一种,它的最终目标是为了"用"。针对宋明理学的"存天理,灭人欲"超验性追求,李泽厚认为这种追求是失败的,根本原因是宋明理学不可能摆脱内圣外王的基本观念,它关注的核心仍在世间人际开万世太平,而非超验天国的灵魂安息。[①]这一判断是极为准确的。因为从文化发展史来看,宋明理学只是追求经世致用之传统文化中的一颗珍珠,它不可能脱离文化传统的窠臼,至多就是在"心""性"方面走得更远一些罢了。这从心学集大成者王阳明先生身上可见一斑。他发扬孟子心学达到极高程度,创造了"阳明心学",

---

① 李泽厚. 实用理性与乐感文化[M]. 北京:生活·读书·新知三联书店,2008:65.

但他仍入世为官执政一方，并用他的所学为皇帝解决了叛乱，拯救黎民于水火。经世致用的根基在于以现实为导向，根据变化了的实际情况调整理论的内容才是理论之树常青的根本，这也是那些高度抽象的哲学思想在中国不发达的原因。

与中国传统文化经世致用特点相类似，实践性是马克思主义的鲜明特征。建立在实践性基础上的马克思主义是对西方传统哲学的超越。西方传统哲学的一个总体特征是追求形而上的逻辑的自我完善，忽视人的真实生活，关注不到现实生活根本，其中最负盛名者当属黑格尔的"绝对理念"。马克思则不同，他克服了旧唯物主义的弊端，将唯物主义贯彻到社会历史领域，使唯物主义立足于真正的现实，不仅包括现实的物质，也包括人类历史，而这两者都是我们实践的场域。在标志着马克思主义诞生的《共产党宣言》中，马克思、恩格斯多次强调，科学社会主义原理的运用要以实际为基础。正是这种实践性特征，奠定了马克思主义的两大发现，实现了理论的突破，他从博士论文到《黑格尔法哲学批判》，到《1844年经济学哲学手稿》，再到《德意志意识形态》，都体现了这个鲜明的特征。

正是关注人、关注人类社会的实践性发展，使中国传统文化与马克思主义在思维逻辑上具有同样的指向性。这种指向性使中华民族在寻找抵御外敌入侵、实现民族振兴的道路上，能在左冲右突中选择马克思主义。当然，这种经世致用之思一方面造成了中国社会的超级稳定。因为实用理性使那些在早期成熟了的价值观念经过一代代的修正而延续至今。这就是为什么我们今天能够跨越时空的界限去理解一两千年前先秦儒家的思想而没有大的障碍的原因。另一方面，它又使中国文化具有强大的惯性，天不变道亦不变，影响了中国人自明清以来对世界趋势的把握和理解。而马克思主义的实践观则是对资本主义时代的扬弃，马克思主义的"唯物史观从根本上说是一种历史观的论证方式：它从现实的具体历史实践出发，通过研究私有制的起源、资本主义的内在机理、资本主义的历史合理性、资本主义的存在界限，从而找到了否定资本主义的根据和通往共产主义的现实途径"[①]。这种具有超越性的实践观对传统的经世致用起到了提升作用，传统的实践

---

① 侯惠勤. 马克思的意识形态批判与当代中国[M]. 北京：中国社会科学出版社，2010：77.

观在马克思主义的指导下获得了新的发展,从而形成了新中国成立后在探索中推进社会主义的发展路径,即摸着石头过河。历史已经证明,我们取得了极大的成功。

4. 古今通变与科学历史观

中国传统文化把对中国社会历史变迁的考察进而汲取其中治国理政的智慧称作"通古今之变"。这种晓古以喻今的历史省察为中华民族的繁衍生息提供了重要的启迪。传统文化极为重视这种智慧对后世的滋养作用。对于不懂历史的做法,韩愈在诗歌《符读书城南》中进行了尖锐批评:"潢潦无根源,朝满夕已除。人不通今古,马牛如襟裾",意为人若不会通古今,将如牛马一样愚昧无知。古今通变的历史观不仅要求把前后相继的历史现象贯通起来,而且力图把握内隐于其中的基本规律和社会本质。由于诸多局限,古代的哲学家和历史学家还不可能科学地解释社会历史的本质和发展规律,但在关于历史进步和社会变革的基础、社会历史的主体、社会历史发展规律等问题的探索中,也提出了不少真知灼见,呈现出把朴素唯物主义和辩证法运用于社会历史领域的明显倾向,因而可以视作是历史唯物主义的萌芽。对中国传统文化"通古今之变"思想的把握无疑有利于对马克思主义唯物史观的理解。

人类社会经久不息,但这种变化是一种什么样的形态:是由低级往高级发展,还是在水平线上保持一种衡平状态?在唯物辩证法产生以前的时代,中国传统史学不可能对此问题做出科学的回答,不可能像马克思、恩格斯那样高屋建瓴地对历史发展做出"三种形态""五个阶段"的划分,但在长期的历史思考过程之中,传统历史观也认为历史是有规律可循的。相对于孔孟的"信而好古",法家韩非指出:"上古竞于道德,中世逐于智谋,当今争于气力。"(《韩非子·五蠹》)当然,韩非对历史阶段的划分是基于经验主义的,并非科学,因为他说的道德、智谋、气力都是社会的表层形态,并没有深入本质。东汉王充指出:"国当衰乱,贤圣不能盛;时当治,恶人不能乱。世之治乱,在时不在政;国之安危,在数不在教。贤不贤之君,明不明之政,无能损益。"(《论衡·治期》)这就是说,社会兴衰治乱非由圣贤意志决定,而是由独立的"时""数""势"所规定的。虽然这种"时""数""势"也并非科学解释历史规律的因素,但

第一章 中国传统文化育人功能概述

它已经是很大的进步了,因为它看到了历史发展是由一种客观力量在发挥作用,这种思想影响了后代的学者。唐代柳宗元提出了"封建非圣人意也,势也"(《封建论》),宋朝叶适更深刻地指出:"知其势而以一身为之,此治天下之大原也",只要认识和把握了"势",就能代表历史潮流大有作为,因为"天下之事唯一其所为,而莫或制其后"(秦观《治势上》)。明末清初思想家王夫之也持此论。

我们可以从总体上判断,在对历史规律的把握之中,古今通变的历史观更多地关注了治乱规律,对社会形态规律没有也不可能做出思考。传统文化中的"天不变,道亦不变"和经世致用的文化观念使史学家、哲学家们不可能对社会制度的演进进行颠覆性的思考,但即便如此,"今胜于古"还是他们对社会历史发展趋势的整体性判断。毫无疑问,这种判断完全符合中国社会实际情况,否则我们就无法解释5000余年中华民族所创造的灿烂文明了。在关于推动历史发展变化的力量上,传统历史观虽然也有宗教天命论、英雄史观,但对民众力量的认同则是历史的主流。从西周就开始的"天视自我民视,天听自我民听"(《尚书·泰誓中》),到《左传·桓公六年》中的"夫民,神之主也。是以圣王先成民而后致力于神",再到《孟子·尽心下》中"民为贵,社稷次之,君为轻",中国历史上一直把重视人民的力量当作社会稳定、生产发展的首要因素。到明末清初,这种思想甚至更进一步体现为"天下之治乱,不在一姓之兴亡,而在万民之忧乐"(黄宗羲《原臣》)。传统文化中的"民贵君轻"和马克思主义所强调的人民群众是历史创造者存在极大的一致性。

中国传统历史观认为"仓廪实则知礼节,衣食足则知荣辱"(《管子·牧民》),即物质生活是社会思想教化的根基。如孔子提出"足食、足兵、民信之矣"(《论语·颜渊》);孟子认为"有恒产者有恒心,无恒产者无恒心"(《孟子·滕文公上》);荀子也说"不富无以养民情,不教无以理民性"(《荀子·大略》)。先秦之后,富民养民成为历代统治者和学者仁人的主流观点,比如,汉代的王充重申了"仓廪实,民知礼节,衣食足,民知荣辱"(《论衡·治期》)的观点。王夫之也认为只有充分发展"天地之产",才能使饮食男女的欲望得到满足。这种重视经济因素的倾向和马克思、恩格斯的观点是相同的,物质生产是人类创造历史的前提,人类为了生活首先要解决吃喝住穿和其他的东西。当然,与唯物史观相比,古今通变的历史思想并不全面,但对马克思主义的中国化、对社会主义意识形态建设却具有重要的作用,因为把经济基础决定礼乐政教与马克思主义的社会存在决定社会意识相结合,能够让我们比较准确地把握社会主义初级阶段的社会状况对人们思想价值观念的影响,并注意用正确的价值观来引导社会良好风气的形成,从而推动社会主义生产力的发展。

上述四个方面只是从社会理想、实践特征、辩证法、历史观等对中国传统文化与马克思主义的融通部分进行了考察。实际上,二者的融通之处并不局限于这几个方面,中国传统文化在天人关系、认识论、道德观等方面与马克思主义也有相通相融之处。在天人关系上,中国传统文化从对自然的崇拜开始,虽然在荀子思想中出现了"天人相分"观念,之后也有屈原的《天问》、柳宗元的《天说》等对天的认识观念,但这没有占据主流,中国传统文化更多强调的是从《易传》开始的天人和谐说,注重天人合一,提倡尊重自然。实际上,也正是这种观念极大保护了中国人的生存环境,这和马克思、恩格斯说的"人是自然之子"的观点完全一致。在认识论上,中国传统文化强调行先知后、由行致知,知之明也、由知进行,注重实际、以行证知的知行合一思想对理解马克思主义以实践为基础的认识论也有极大帮助。道德观上,传统的仁义礼智信思想为社会主义核心价值观提供了源头活水,也为人民认同共产主义道德奠定了基础。凡此种种,都为马克思主义中国化奠定了基础,为马克思主义成为党和国家的指导思想做了奠基。

二、中华优秀传统文化大学生思想政治教育功能的表现及必要性

大学生思想政治教育的根本宗旨是培育"四有"新人,最终实现大学生的全面发展。大学生思想政治教育必须负起传承与创新传统文化的重要任务。因而,中华优秀传统文化大学生思想政治教育功能,即通过挖掘中华优秀传统文化这一重要资源,将其所蕴含的思想政治教育内容完美融合到受教育者日常生活的方方面面,对教育对象的思想品德产生积极影响,

第一章　中国传统文化育人功能概述

达到优秀传统价值观的认同、内化。具体来讲，就是充分挖掘中华优秀传统文化的内涵，拓展其外延，并将其贯穿到大学生思想政治教育中；就是找到中华优秀传统文化与大学生思想政治教育之间的契合点，将中华优秀传统文化渗透到大学校园精神文化、制度文化、物质文化中，通过校园基础设施建设、教学过程、教材内容等承载优秀传统文化。用中华优秀传统文化底蕴对大学生的思想、精神、心理进行教育涵养，对大学生进行全面有效的人格塑造教育、价值导向教育、行为规范教育，用中华优秀传统文化底蕴教育人、鼓舞人、引导人，从而有效地实现大学生思想政治教育。

（一）中华优秀传统文化大学生思想政治教育功能的表现

思想政治教育的服务对象是人，要想最大限度地发挥思想政治教育的功能，首先要注重培养人的思想品德，使之树立正确的世界观、人生观和价值观。"思想品德属于多要素的综合性体系，是人们在一定思想的引领下，在行为中体现出来的比较固定的心理特征、思想观念和行为认知的总和。"[①]综合人思想道德的形成发展过程，笔者将中华优秀传统文化大学生思想政治教育功能具体划分为人格塑造功能、价值导向功能、行为规范功能。

1. 人格塑造功能

大学生思想政治教育属于塑造人格、培育人格的应用行为。大学生思想政治教育的根本任务和中心工作是立德树人，将提升大学生思想政治素质，培养大学生高尚道德情操列为大学生思想政治教育的主要目标。博大精深的中华优秀传统文化本身就具有塑造人格、培养品德的重要价值，它们在价值目标上是一致的，就是要塑造人格，提升道德。例如古代教育理论著作《论语》就提出"仁、智、勇"统一的理想人格，要求人们自强不息、温厚善良、恭敬谦虚、宽厚爱人、勤敏节俭、忠恕孝悌。"君子喻于义，小人喻于利"（《论语·里仁》），君子"以仁存心，以礼存心"（《孟子·离娄下》），"穷则独善其身，达则兼济天下"（《孟子·尽心章句上》），给世人强烈的警示作用，引导世人不断提升自我修养，摒弃荣华富贵带来的虚荣，从根本上注重自身品德的培养。这种君子人格成为古人一生所追求的理想人格，也是扎根中国大地最深的一种理想人格，侧面反映出我国

[①] 陈万柏，张耀灿. 思想政治教育学原理[M]. 武汉：华中师范大学出版社，2009：100.

中国传统文化融入高校思政课社会主义核心价值观教育研究

古代国家和人民的精神风貌，在今天这仍然是人们在道德观念、道德追求上的反映。《大学》开宗明义就提出："大学之道：在明明德，在亲民，在止于至善。"就是思想政治教育的首要目标就是让受教育者达到自觉追求美好品德的境界。与此相对应，《大学》还提出古之欲明明德于天下者，先须调查研究、认清本质、意念诚实、动机纯正、提高修养、经营家庭、以德治国、天下太平的"八条目"，即详细阐述了培养美好品德的具体措施。① 可见，古人为了追求理想人格，达到至善境界，提出了条目清晰、具体可行的品德教育体系。

2. 价值导向功能

大学生思想政治教育的根本目的是为中华民族的伟大复兴培养合格的建设者，主要内容是培育大学生的爱国主义、集体主义精神，培养大学生良好的个人品德、家庭美德、职业道德以及社会公德，培养大学生对社会主义的认同。古代哲学家管子就曾说："国有四维，礼义廉耻。四维不张，国乃灭亡。"(《管子·牧民》)这是中国先哲对当时社会价值观的倡导，礼义廉耻体现出我国古人如何做人、怎样处理事情的价值观。21世纪提出的社会主义核心价值观，它是中华民族的崇高追求和精神家园，是当代中国的立国之维，是亿万人民的"价值公约数"。因此，中华优秀传统文化的精髓蕴含着无数优秀价值，深入学习中华优秀传统文化汲取其中丰富的营养价值，能为社会主义核心价值观的培育保驾护航。2014年5月4日习近平在北京大学师生座谈会上的讲话中强调："中华优秀传统文化已经成为中华民族的基因，植根在中国人内心，潜移默化影响着中国人的思想方式和行为方式。"② 新时代我们应大力提倡和弘扬社会主义核心价值观。社会主义核心价值观只有吸取中华优秀传统文化中的养分，才会充满生机和活力，才能发挥感染力。

3. 行为规范功能

中华优秀传统文化里有着思想政治教育的行为规范功能。它倡导人们遵循社会规范，注重道德传承，并通过特定方式对符合或背离社会规范的行为进行褒贬从而约束和规范人们的行为举止。中国人家喻户晓的《三字

---

① 邓球柏. 中国传统文化与思想政治教育[M]. 北京：首都师范大学出版社，1999：12.
② 习近平. 习近平谈治国理政（第一卷）[M]. 北京：外文出版社，2018：170.

第一章 中国传统文化育人功能概述

经》《弟子规》等就是古代行为规范、道德教育的代表作。其主要内容就是推崇正确的道德规范，树立道德模范，引导人们共同遵守公共秩序，自觉维护社会公德。思想政治教育的最终目的是实现每个人自由而全面发展，唯有遵循社会公序良俗和正确的行为规范才能实现个人的全面自由发展。大学生在追求个性发展的同时，也要认识到秩序、责任、使命等行为规范的重要性。因此，促进中华优秀传统文化行为规范功能实现，有助于规范大学生的行为，提升大学生的公共道德责任感和社会担当。

（二）发挥中华优秀传统文化大学生思想政治教育功能的必要性

1. 有利于涵养社会主义核心价值观

社会主义核心价值观是中华民族传统文化的标志性内容，是区别于"他者"的文化基因，更是高校校园精神文明建设的灵魂和思想政治教育的核心内容。用社会主义核心价值引导文化思潮、弘扬民族精神，将培育当代大学生的民族精神和时代精神作为思想政治教育的关键内涵。中华优秀传统文化保留了中华民族独一无二的核心价值理念和高尚的精神气节，沉淀了中华民族深层的精神追求和独特的精神标识，完整体现了社会主义核心价值观的内涵，从更深层次体现了社会主义核心价值观的民族性，属于提升和培育我国核心价值观的宝贵资源和根本来源。党的十八大以来，习近平总书记反复强调社会主义核心价值观与优秀经典文化之间的联系。社会主义核心价值观与中华优秀传统文化在逻辑上具有承继性，共同传承了中国文化的基本精神；在内容上具有一致性，共同体现了国家、社会、公民层面的道德理念。中华优秀传统文化属于大学生社会主义核心价值观教育的源头，也是滋养中华民族的深厚土壤。在社会主义核心价值观教育中融入中华优秀传统文化，有利于提高大学生思想政治教育的时效性，有利于学生产生情感共鸣，从而在心理上达到认同，行为上做到自觉。

2. 有利于滋养中华民族精神家园

传统是人类在漫长的历史进程中形成的规章制度、理想信念、价值追求和行为习惯等意识形式构成的社会文化遗产。它伴随着时代不断演进，使人类代代相传、绵延不绝，堪称人类社会的遗传密码，对人类社会的发展具有十分重要的意义。① 中华优秀传统文化是民族精神家园形成的关键因素。情感归属、价值认同、精神追求、文化属性是精神家园的共同特性,而这些特性正是中华优秀传统文化的基本内容。精神归属产生与巩固的过程,就是传统文化代与代传承的过程。56个民族的文化之所以能够形成人们的精神家园就是因为他们有共同的传统文化。在精神家园构造中,物质形态的传统文化是基础,真正维系命脉的还是精神信仰、价值观念、伦理道德、行为习惯等。习近平在纪念孔子诞辰2565周年的讲话中指出:"优秀传统文化是一个国家、一个民族传承和发展的根本,如果丢掉了,就割断了精神命脉。"② 中华优秀传统文化是中华民族精神家园的生命线,是中国五千年历史中哲学理念和理性观点的积累。大学生思想政治教育必须重视传统文化,积极弘扬中华优秀传统文化,培育学生的文化认同、道德底线、精神信仰,守护好精神家园、安顿好心灵是中华优秀传统文化大学生思想政治教育功能永恒追求。

3. 有利于中华优秀传统文化创造性转化创新性发展

中华优秀传统文化体现出来的哲学理念、道德规范和人文诉求,不仅能够为个人立身处世提供有益引导,为推进国家治理体系和治理能力现代化提供有益启示,而且为人类社会总体发展贡献了中国智慧。所以大学生在传承中华文明时,要植根时代发展新需求和新潮流,对中华优秀传统文化精髓进行深入研究,对中华优秀传统文化进行去粗取精、去伪存真,推动中华优秀传统文化因时而进、因事而化、因势而新,使之为社会主义改革发展创造良好的思想道德环境,为推动中华优秀传统文化创造性转化谱写时代新篇章。总而言之,促进中华优秀传统文化创造性转化创新性发展是中华优秀传统文化大学生思想政治教育发挥功能的又一重要意义。

4. 有助于培养个人道德情操

中华民族在几千年的文明发展史中,不仅形成了丰厚、系统的德育理念、伦理观念,而且形成了许多道德典范,是中华优秀传统文化大学生思想政治教育功能传承发展的中坚力量,更是中华民族的道德瑰宝。伟大的教育家孔子以"仁"为施教目标,提出"道之以政,齐之以刑,民免而无

---

① E.希尔斯. 论传统[M]. 傅铿,吕乐,译. 上海:上海人民出版社,2009:2.
② 习近平. 习近平谈治国理政(第二卷)[M]. 北京:外文出版社,2017:313.

第一章　中国传统文化育人功能概述

耻；道之以德，齐之以礼，有耻且格"(《论语·为政》)，提倡用道德教化、礼仪规范来筑牢人民的道德底线。不仅如此，儒家还依据道德水准的高低，将人区分为圣人、大儒、雅儒、俗儒、君子、俗人、士、小人等。"自天子以至于庶人，壹是皆以修身为本"(《礼记·大学》)，拥有高尚道德的圣人为中华民族的子孙后代立下了道德榜样，是我们一代又一代人道德学习的典范。"崇德尚仁"也成为整个中华民族的道德瑰宝和精神信条。巩固国内文化建设的基础，十分关键的一项任务是从思想品德的出发，从社会氛围出发，从每个人出发。我们应该继承和弘扬人民长期实践中形成的传统美德，让讲道德、尊道德和守道德成为人们向往和追求的生活，使大家都成为传播中华优秀传统美德和中华优秀传统文化的主体。新时代背景下，传承中华优秀传统文化，弘扬中华民族的高尚道德有助于大学生树立正确的"三观"，培养正确的道德观念陶冶情操，促进大学生思想政治教育立德树人目标的实现。

第二章 社会主义核心价值观的科学内涵

进入 21 世纪，随着经济全球化的不断深入和国际竞争日趋激烈，原有的国家间意识形态格局被不断打破，各国的文化传统、思想观念、宗教信仰、生活方式等诸多方面受到前所未有的冲击，人们的思想观念与文化追求呈现多元化的特征。与此同时，人们的价值选择、价值取向多样化的趋势越来越明显。在此背景下，在社会价值观日趋多元化的今天，国家确立什么样的主流价值观，如何确立一种主流的核心价值观，并使社会大众认同并接受，就成为一个重要而且迫切的历史任务。

党的十八大明确提出了社会主义核心价值观，从国家、社会、公民三个层面概括了社会主义核心价值观的价值目标、价值取向和价值准则。社会主义核心价值观是党中央从坚持和发展中国特色社会主义、实现中华民族伟大复兴的中国梦出发提出的重大战略思想，是我国公民应树立和践行的核心价值观。高校是培育德智体美劳全面发展的社会主义建设者和接班人的沃土，立德树人是高校的根本任务。大学生是社会的未来和民族的希望，大学时期是人生最为宝贵的阶段，大学生的价值观将影响未来整个社会的价值观。面对信息技术快速发展的社会，大学生因其自身具有较强的接受能力、学习能力，能够与不同的思想潮流、文化进行关联互动，但也容易受到外来文化冲击及干扰，从而树立错误的价值观念。高校应帮助大学生对社会主义核心价值观产生认同感，从而更好地顺应社会多元化的发展。要对高校大学生社会主义核心价值观教育进行科学的认识与分析，首先必须准确掌握社会主义核心价值观的内涵、特征、本质以及现实意义。

第二章　社会主义核心价值观的科学内涵

一、社会主义核心价值观的内涵与特征

（一）社会主义核心价值观的相关概念

人类社会自产生以来，就开始了对生存意义和价值的追问。对价值问题的关注成为哲学研究的一个重要问题。从哲学角度看，价值和价值观都是十分重要的概念，它们不仅关注个人的人生意义和价值，而且扩展到了社会层面，影响深远，其地位和作用越来越重要。事实上，在阶级社会中，我们回避不了对价值问题的探讨，价值和价值观往往成为阶级利益的重要表达，尤其是统治阶级，既要通过一定的价值观来体现和表达他们的利益诉求，又要通过一定的价值观来整合不同的社会利益取向与价值分歧，从而引领社会的发展。所以，重视核心价值观的凝练和建设，是世界各国谋求经济发展、国家稳定的共同经验。社会主义核心价值观对中国特色社会主义建设具有更为重要和突出的意义。以下对相关概念的厘清，对社会主义核心价值观重要性的认识和践行都具有非常重要的作用。

1. 价值

经济学概念范畴中的"价值"是指凝结在商品中无差别的人类劳动。在人类社会实践的过程中，"价值"概念延伸到哲学、伦理学、法学、政治学、艺术学等领域。不同的领域对价值有不同的理解。例如，在经济学中，"价值"强调的是凝结在商品中的劳动，在艺术领域，"价值"强调的是艺术作品是否能给人以美感。"价值"的内涵随着视角的变化而变化，马克思主义理论体系从三个层面将其概括为：价值是事物的属性、价值是客体对主体的意义、价值是主客体之间的特殊关系。

首先，马克思主义认为价值是一种属性。无论哲学、经济学还是美学，都可以看到价值的存在并不是因为人的意志而改变的，而是满足某种需要的。任何事物都能满足某些需要，它可能不是一个人所需要的，而是可以满足其他个体的，这也是它存在的前提。其次，就客体对主体的意义而言，客体之所以具有价值，是因为它能够满足主体的需要，但这种意义是基于每一个不同的主体。人们从自身需要出发，形成对客体意义的理解。不同的主体对客体的意义需要不同的理解。最后，就主客体的特殊关系而言，价值不能脱离主客体任何一方而独立存在，必须处在主客体关系之中。只

33

有对特定的个体有意义，个体才能与特定的事物有更密切的关系，这是一种带有主观性质的联系。

总之，在人类社会的实践中，价值源于主体的需要，又离不开客体的属性，这是一种满足需求的关系。

2. 价值观

价值观不同于价值，价值观属于意识形态。"价值观是人们对某个事物的价值的基本看法和态度倾向，表现为人们对某类事物意义的相对稳定的理解信念和信仰。"①这是一种可以用来指导实践的主观态度，在每个人的心目中，对事物价值的评价并不统一，这些判断有的比较片面，有的比较深刻，都受制于个体的生存和成长环境，它是一种复杂的主观意识形态。无论什么样的价值观，社会环境和自身需求都是其形成的土壤，同时也需要个体在社会实践中体悟。因此，价值观是依附于特定的主体带有主观色彩的理想信念，不同的成长经历会树立不同的价值观。

不仅如此，价值观也是多种多样的。人类的生存环境是复杂多样的，在社会转型和经济全球化的背景下，由于社会、经济、文化的多元影响，我们更能认识到价值观的多样性。人都是环境动物，在价值观形成过程中，他们往往根据自己的偏好和期望进行选择，个人价值选择可能偏离社会主流价值标准。因此，主体间价值观的差异导致了社会价值观的多元化。

意识层面的任何事物一旦形成，都会以理想、信仰等精神力量影响个体的思维方式和行为选择，因此个体的行为最终是由其内在价值观所支配的。因此，价值观具有相对稳定性，能够反映个体的精神面貌。

作为判断事物的标准，价值观就是价值判断。它告诉人们该做什么，坚持什么，什么是正确的方式，什么是有意义的行为——它是个人心中的"天平"和"尺子"。通过价值观，我们可以感知个人和社会的精神面貌。正是由于价值观的这一特点，我们才需要更加重视正确价值观的确立。

3. 社会主义核心价值体系

社会主义核心价值体系是全社会公认的价值目标、价值追求和价值取向的统一，其具体内涵包括马克思主义的指导思想，中国特色社会主义的共同

---

① 王燕文. 社会主义核心价值观研究丛书（总论）[M]. 南京：江苏人民出版社，2015：19.

第二章 社会主义核心价值观的科学内涵

理想,以爱国主义为核心的民族精神和以改革创新为核心的时代精神,社会主义荣辱观。党中央提出了全面落实社会主义核心价值体系的宏观指导。

马克思主义理论是中国社会主义建设的指导思想,也是社会主义核心价值体系最基本的内涵。纵观党的历史,我们可以清楚地看到马克思主义在领导社会主义革命和建设中的重要作用——它是领导人民的战斗武器,是中国人民团结一致的信念的源泉。

在党的十六届六中全会、十七大、十八大、十九大、二十大等重要会议上,党反复强调共同理想对全党全民族的重要作用,中华民族的奋斗历程也证明了"中国特色"的正确性。一方面,选择社会主义符合人的发展规律;另一方面,赋予中国特色的社会主义也充分考虑了民族自身的发展历史和文化特点。这样的共同理想,是一条适合中国人的创造性发展道路。

民族精神和时代精神始终焕发斗志。正是中华优秀传统文化滋养了中国人民的心灵,使中华民族能够永葆生机,昂首阔步向前。爱国主义、自强不息、艰苦奋斗等精神,需要每一个中国人继承,才能不断展现旺盛的生命力。不仅如此,在领导社会主义建设和改革开放的新时代,党还形成了以改革创新为核心和时代特征的新精神。总之,无论是什么样的民族精神,还是时代精神,都与中国的历史和发展进程息息相关。

社会主义荣辱观是判断是非的标准。善与恶、对与错都需要一个清晰的界限。民族和国家的发展道路是一个又一个的选择铺设的,每一次选择都需要坚持正确的价值取向。社会主义荣辱观把历史传统和时代要求结合起来,提出了切实可行的行为准则。

4. 社会主义核心价值观

社会主义核心价值观是符合我国发展的主流价值观,在社会价值观中起主导作用,体现了中国特色社会主义的本质。它告诉人们应该坚持什么和什么是有价值的。社会主义不仅是一种制度,也是一种价值观。随着国家的发展,社会主义核心价值观越来越成熟,能够准确把握社会发展的需要,引领其他价值观。因此,它是在具体实践中发展的、继承优秀传统文化和人类优秀文明成果的价值追求。

党的十六届六中全会提出了社会主义核心价值体系,党的十八大报告首次明确提出了社会主义核心价值观,即倡导富强、民主、文明、和谐,倡导自由、平等、公正、法治，倡导爱国、敬业、诚信、友善（以下简称"三个倡导"），从国家、社会和公民三个层面更加准确地提出价值取向和价值目标。富强、民主、文明、和谐包含国家的目标追求和中华民族的共同理想；自由、平等、公正、法治是社会层面的价值导向，能够营造良好的社会秩序；爱国、敬业、诚信、友善是良好公民的具体道德规范和衡量标准。

社会主义核心价值观简洁精练，能更好地发挥思想引领作用。作为党的理论创新，社会主义核心价值观也表明，我们党的重心已经从制度层面转移到价值层面，这也是马克思主义理论的丰富和发展。

社会主义核心价值观的12个词24个字虽然简单，但其深刻内涵充分显示了社会主义制度的优越性。这无形中提高了中华民族的道路自信、理论自信、制度自信、文化自信，增强了国家的软实力。而且，正是因为社会主义核心价值观的简洁表达，它才得以广泛传播和践行。

5. 认同与价值认同

"认同"最早始于心理学，弗洛伊德认为，认同"是建立在一个重要的情绪的共同性质之上的"[①]，是个体对群体的一种归属感，在感情、心理上趋同的过程。曼纽尔·卡斯特（M. Castells）把认同理解为："当它指涉的是社会行动者时，我认为它是在文化特质或相关的整套文化特质的基础上建构意义的过程，而这些文化特质是在诸意义的来源中占优先位置的……虽然认同也可以由支配的制度产生，但是只有在社会行动中将之内化，且将他们的意义环绕着这内化过程建构时，它才会成为认同。"[②]

自我认同与社会认同是认同的两个层面，在心理学中，认同通常与"自我"密切关联，比较注重自我认同，其本意是一个个体可以接纳另一个个体，安东尼·吉登斯（A. Giddens）认为自我认同是"个体依据个人的经历所反思性地理解到的自我"[③]，个人的经历和对自我经历的反思是其价值观的两个前提，具体包括归属感、幸福感及自我身份认同等，所以在"个体层面上，认同，即个人对自己所扮演的社会角色以及身份的确认与肯定，它是个人

---

① 车文博. 弗洛伊德主义原著选辑（上卷）[M]. 沈阳：辽宁人民出版社，1998：377.
② 曼纽尔·卡斯特. 认同的力量[M]. 夏铸九，等，译. 北京：社会科学文献出版社，2003：2-3.
③ 安东尼·吉登斯. 现代性与自我认同[M]. 赵旭东，等，译. 北京：生活·读书·新知三联书店，1998：275.

第二章 社会主义核心价值观的科学内涵

进行社会行为活动的动力保障；'认同'后被引入社会学、政治学等社会学科，用于解释个体与群体、一个群体与另一群体的联系、依赖、归属等状况，强调人们的共识的重要性，及其对社会关系的影响，所以在社会层面上，认同，即社会个人对于一定社会共同价值的信仰，在情感上的皈依和分享，它是维系社会共同体和谐，并不断发展的内在凝聚力，具有一定的社会属性，具体而言，它包括国家认同、政治认同、文化认同、价值认同等。"①

价值认同是指通过相互交往，个体、组织在观念上对某一或某类价值的共享、认可，或者以特定的共同理想、信仰、标准、规范为追求目标，从而实现自己在社会生活中的价值选择与标尺，并形成共同的价值观，是社会成员主动接受、自觉遵循一定价值规范的一种态度及行为。②其本质在于社会成员不断完善、发展，甚至改变自身的价值观，满足和符合社会价值规范的要求。它是社会成员对社会价值规范的认可、内化和外化，最终确立核心价值的过程，是主体价值认识完成的标志。在现实生活中，它表现出一种追求基本理想信念的归属感，在社会生活中，它表现出一种对特定组织、政党等价值追求、行为方式和道德规范的认同、信任、忠诚和践行。

6. 价值认同的一般过程

价值认同过程是价值主体自觉接受和遵循一定的价值理念、价值目标和价值规范的态度，是价值规范和价值标准内化为主体意识的过程。价值认同一般包括三个阶段：认知认同、情感认同和行为认同。

认知认同是在对一定价值观和价值体系进行感性认识的基础上，对价值观和价值体系主体的理性同一性。认知认同是价值认同的基本环节。认同主体首先将一定价值的内容纳入其认知范围，但并不一定承认、接受甚至怀疑和否定其所倡导的价值理想、价值信念和价值原则，然后认同主体在不断认知的过程中对价值观表示认可、赞同。认知认同是一种浅层次的认同，作用于认知主体的感觉和直觉，但认知认同并不是一次性完成的，对同一价值观的传达是在不同的时空中反复进行的，以促进对认同主体价

---

① 方旭光. 认同的价值与价值的认同——社会主义核心价值观论[M]. 北京：中国社会科学出版社，2014：148.

② 高惠珠. 核心价值观念的构建与认同——社会主义和谐社会建设的关键环节[R]. 上海市社会科学界第四届学术年会文集（马克思主义研究学科卷）. 2006：148-156.

值观的全面深入理解，达到熟知的程度，进而实现对价值观的理性认同。

情感认同是认同主体在对一定价值观和价值体系认知的基础上产生的认同情感。情感认同是价值认同的关键环节。情绪是伴随着认知而产生和发展的，它对人们的行为起着重要的调节作用。认同主体对所认知的价值观是否有情感、有什么样的情感，与对这一价值观的态度和行为密切相关。如果认同主体喜爱这一价值观，对这一价值观产生积极的情感认同，就会有力地促进价值观内化为价值主体的价值取向；如果认同主体对这一价值观持消极的情感态度，往往会对价值观的认知和理解产生否定的情感，从而影响价值认同。

行为认同是指认同主体在价值活动中，自觉地以特定的价值目标和价值规范为基本价值理念，规范自己的价值活动，即自觉地实践特定的价值追求。行为是一个人价值观的外在表现和综合反映，是衡量一个人的价值取向是否高尚的重要标志。然而，通过具体的某个行为很难全面、真实、准确地反映一个人的价值观。只有经过多次反复的行为，然后形成习惯，通过这些行为习惯才能全面、客观、准确地反映一个人的价值观。同时，通过习惯的形成，可以加深对认同主体的认知，培养主体的情感，锻炼主体的意志，形成坚定的信念。培养认同主体的行为习惯是价值认同的归宿和目标。

（二）社会主义核心价值观的内涵

社会主义核心价值观的具体内涵是对中华优秀传统文化的继承和其他国家的文明成果借鉴，是符合中国特色社会主义道路发展要求的全民价值观的共识。"三个倡导"在内容上相互补充、相互衔接和贯通，是国家发展目标、社会价值取向和个人行为处世的统一体，为大学生主动实践意识的培养提供了指导。

1. 国家层面

富强、民主、文明、和谐在社会和个人层面上支配着价值观。国家的繁荣昌盛、中华民族的复兴，不仅关系到中国在世界上的话语权，而且在很大程度上坚定着人民奋发向上的决心。国家层面的核心价值观是最高层次的价值观，是统领社会层面和个人层面的价值观。

第二章 社会主义核心价值观的科学内涵

"主之所以为功者,富强也。故国富兵强,则诸侯服其政,邻敌畏其威。"[①]富强关系到国家的稳定和繁荣,具体来说,富强是指国家经济建设的目标。经济发展是社会进步的物质基础,它包括两个目标:使人民过上小康生活和实现国家富强。"物质生活的生产方式制约着整个社会生活、政治生活和精神生活的过程。"[②]马克思主义认为,人类的终极目标是实现人的自由而全面发展,这需要强大的经济实力和综合国力作后盾。因此,把"富强"作为社会主义核心价值观的重要组成部分,是制度上的一个保证,它始终提醒全党全国人民集中力量搞建设、谋发展。

民主是全世界人民追求的价值理想,它既是一种价值理想,又是一种政治理想。自古以来,民主就受到统治者的关注。中国古代有"民为本""水能载舟亦能覆舟""民重君轻"等思想,这些思想虽然是在封建制度下君主为维护统治而提出的,但在一定程度上制约了君权,反映了人民群众的影响力。现代民主概念源于西方,意思是平民治理,直到20世纪才成为西方普遍"认同"的民主制度。与之不同的是,社会主义是以生产资料公有制为基础的,人民可以参与国家管理。我国是社会主义国家,人民民主是民主政治的核心,这实则是在政治上对人民美好生活的保障。中国特色社会主义民主在实践中创新,民主政治的进程在创新中加快,通过民主制度的完善,增强全民的民主意识,提高民主素质,更好地参与民主生活,实现社会主义民主的目标。

文明是社会进步的标志,是个人文化修养的表现。文明是我国文化建设的价值追求,包括人与人、人与社会、人与自然的关系。几千年来,中华文化积淀了许多优秀的精神品质,塑造了中华民族的灵魂。社会主义文明需要具有较高文化素质和思想道德素质的公民,高素质的公民有利于促进国家文明的发展,同时,国家文明对社会文明也具有重要意义。

唯物辩证法认为,和谐是一种合作、互利、共发展的关系。共产主义社会是一种真正解决人与自然、人与人之间的矛盾,真正解决存在与本质、客体化与自我确证、自由与必然、个人与阶级之间的斗争的和谐社会,有

[①] 管仲,贾太宏. 管子 [M]. 哈尔滨:北方文艺出版社,2016:06.
[②] 中共中央马克思恩格斯列宁斯大林著作编译局. 马克思恩格斯选集(第二卷)[M]. 北京:人民出版社,2012:2.

中国传统文化融入高校思政课社会主义核心价值观教育研究

助于解决社会矛盾和凝聚社会力量。

富强、民主、文明、和谐符合国家现代化建设"五位一体"总体布局的要求,体现了国家和人民建设社会主义现代化强国的美好愿景,也是激励中华民族不断奋斗的动力。

2. 社会层面

自由、平等、公正、法治反映了我国社会的基本属性。人的自由而全面发展是中国社会发展的最高价值追求,是马克思主义的核心理念。中国特色社会主义建设需要自由而全面发展的人,同时,政治、经济、文化等领域也需要保证人的自我发展和自我实现的自由,这在社会生活中是相辅相成的,给每个人的生存和发展带来同等的重视和机会。社会主义所提倡的平等不是绝对的平均主义。社会上没有绝对的平等,但我们可以不断缩小差距。提倡平等价值观,有利于调动人民群众的创造力和积极性。比如,法律保障公民的权利,公民有平等的竞争机会,社会保障制度调整公平。

公正就是公平和正义。公正是社会文明进步的重要标尺。一个社会制度的首要价值应该是公正,只有社会公正,每一个人才都有同样的发展机会,并且得到与付出对等的回报,因此,公正是社会稳定发展的重要保证。

法治就是依法治国,任何人都不能凌驾于法律之上。法律是社会规范的一种形式,是强制性的。一个国家的治理离不开法律的支持和保障。一个国家的管理者需要有法治的思想和意识,"坚持依法治理,加强法治保障,运用法治思维和法治方式化解社会矛盾"[1],不仅可以维护国家的稳定和社会的有序发展,而且可以保障社会主义核心价值观的践行。

自由是社会主义的终极目标,但自由的实现需要以法治为边界,不存在脱离法治的绝对自由。社会主义制度的基础是平等,没有平等,就不可能实现公正。公正是中国特色社会主义的内在要求。只有享有同样的权利和平等的机会,人民群众才能发挥自己的才能,充分发展自己。法治作为治国的基本方式,能够有效地创造良好的社会环境,实现其他价值目标。

---

[1] 中共中央关于全面深化改革若干重大问题的决定 [M]. 北京:人民出版社,2013:49.

3. 个人层面

爱国、敬业、诚信、友善是每个公民的具体行为准则，类似于社会主义核心价值这个建筑的砖瓦。离开了公民个体，再响亮的价值观也只是一句口号。一个德行完备的人，需要不断激发真善美的道德意志、道德情感，提高辨别是非的能力，最终养成自觉践行的良好习惯。个人层面的价值观在家庭、社会、工作等方面画出一道线，促进每个公民提高自身道德修养。

爱国是对国家的一种真挚情感，应时刻把自己的成长和国家的命运联系在一起，主动为国家负责。国家的繁荣和稳定可以给每个公民以自豪感和安全感，同时，人们对国家的热爱可以形成巨大的力量，成为国家战胜困难的可靠后盾。爱国的认识不能只停留在传统美德上。当下，爱国更要热爱社会主义，大学生要把对社会主义的热爱转化为实际行动，投身于国家建设，贡献力量。

敬业是各行各业的人在工作中应具备的基本态度，是职业行为的价值标准。每个人只有在岗位上尽责，才能得到应有的报酬，才能更好地发展，才能保证社会经济。社会需要认真对待工作的公民，公民的自我价值也需要体现在具体的劳动中。

诚信是所有人际关系需要的优秀品质，也是一个人的基本道德品质。一个没有诚信的社会将无法正常运转。自古以来，中华民族就十分重视诚信。孔子的"人而不信，不可知也"，墨子的"言不信者，行不果"等都体现了诚信对人的重要性。新时代，随着市场经济的发展，诚信不仅是一种道德，更兼具经济性质。在交往圈子不断扩大的社会中，诚信已成为连接彼此的一项重要参考标准。

友善是一种与人沟通和交往的品质，它能创造一种和谐的人际关系，这也是个人对自己的严格要求。友善作为人的基本素质，不仅可以完善人格，而且可以优化社会秩序，密切人与人之间的关系，营造良好的社会氛围。

爱国、敬业、诚信、友善的内涵是相互影响的。爱国是个人价值观的基本遵循，能激发民族自豪感。普通民众的爱国精神体现在他们每天的辛勤劳动中，通过对工作的投入来表达他们的爱国情怀。诚信和友善是人们交往的基本品质，良好的人际关系有助于树立国家的威信。在社会主义核心价值观的具体培育过程中，要特别注重个人层面价值观的确立，用个人层面价值观滋养社会层面价值观和国家层面价值观的发展。

4. 三者之间的逻辑关系

三个层面的核心价值观是一个有机的整体,任何一个层面都不能缺失,它们在社会主义实践中是统一的,都集中体现在国家价值目标、社会价值取向和公民道德规范上。每一层面的价值观都与其他层面的价值观有着密切的联系。国家层面的价值目标是最高指挥。一个国家只有强大,才能有充足的物质资料、民主的政治生活、丰富的文化生活和和谐的社会氛围等。这样,一个国家对公民良好政治素养和良好人格的形成也会产生直接的积极影响。社会层面的价值取向是公民理想的社会状态,也是社会秩序良好的基本条件。正因为如此,社会层面的价值观才能指引社会主义建设方向,只有走上追求自由、平等、公正和法治的道路,才能缓解国家和个人利益的矛盾,才能实现国家和个人层面的价值观。于国于社会,最终"人"才是落脚点,什么样的价值目标和价值取向都是基于人而定的。公民不仅是价值观实践的主体,也是社会实践的主体。思想道德良好的公民,可以净化社会风气,引领社会风尚,凝聚建设国家的一切力量。

三者的关系就像盖房子,国家层面的价值目标最终是建筑的"外观",社会层面的价值取向是建房的"方法",不依据建筑规律,房子就无法建成。个人层面的价值标准是建房的"材料",没有它,房子就只停留在设计图纸上。总之,社会主义核心价值观就是依据价值准则的公民在正确价值取向引领下,实现国家价值目标,每个层面相互依存、相互贯通。

(三)社会主义核心价值观的特征及本质

1. 社会主义核心价值观的特征

社会主义核心价值观内涵丰富,博大精深,具有以下基本特征。

(1)核心价值与社会制度的统一

社会主义核心价值观是对社会主义价值最本质、最核心的标识与反映。对社会主义来说,在国家层面,对社会生活这一基本领域而言,核心价值就是经济上的富裕、政治上的民主、精神上的文明和社会和谐。而社会层面和个人道德层面追求的核心价值也是这个层面上最主要、对社会发展和个人道德最具决定意义的价值。

第二章 社会主义核心价值观的科学内涵

上述价值从根本上讲,都是由社会主义社会的基本制度决定的,或与社会主义发展的质的规定性是相统一、相一致的。我国社会主义经济制度的基本特点是实行公有制,实现人民当家作主。公有制为主体、多种所有制经济共同发展的基本经济制度以及把市场经济与社会主义基本制度结合起来,为社会生产力的不断解放和发展提供了根本的制度保证,它是实现经济富裕、社会发展的根本原因。政治上,我国坚持把中国共产党的领导同人民当家作主和依法治国统一起来,这是实现政治民主的根本保证。同样,中国特色社会主义文化政策和社会规范激发了先进文化、文明风尚的蓬勃发展和社会和谐稳定的局面。

（2）理想性与现实性的统一

价值取向、价值追求本身就带有理想的性质。当前,全国人民的共同理想是实现中国特色社会主义。这一共同理想是全体人民对未来生活状态的美好设想与期望,是对当前生活状态的一种理想超越,是感召全体国人为之奋斗的力量源泉。但我们也必须清醒地看到,目前我国仍处在社会主义初级阶段,生产力仍欠发达。社会主义核心价值观将社会主义理想与现实紧密结合,它强调了人民群众要从社会主义的制度建设过程中真正获得利益和实惠,并以此感召和激励他们参与到社会主义社会建设中来。社会主义核心价值观的建设,要求社会广大人民群众的崇高理想与社会现实紧密结合,通过每一个人的实践努力,从而实现伟大的共同理想。社会主义核心价值观将所有人的远大理想通过实践与改革、创新密切联系起来,致力于解决实现共同理想实践过程中出现的障碍。这样,广大人民群众能够继续团结在中国共产党的领导下,增强实现中国特色社会主义的信心。

（3）一元化与多样性的统一

目前,我国实行中国共产党执政,各民主党派在中国共产党的领导下参政议政的制度;在文化观念上,以马克思主义为指导思想,同时各种社会思潮共同存在,本质上就是一元主导、多样发展的过程。

在社会发展过程中,差异、多样、矛盾是绝对的、永恒的、不可避免的,但主导、统一又是十分必要的。因为社会是人的集合,只有把大家统一在一个思想观念里,达到思想上的共识,才能步调一致,和谐发展。因此,任何社会都有统治阶级的思想,这种统治思想的根本内容就是核心价值观。

从社会主义核心价值观的内容来看,一方面,它承认各种社会现象存在的合理性、不可避免性,同时又以更高、更进步、更理想的追求征服人心、统一意志、引领思潮。社会主义核心价值观在肯定经济利益与价值观念存在普遍多样性的基础上,承认它们存在的合理性、正当性,这一点体现为对其他社会主体在价值观念上的差异性的认可。但另一方面,社会主义现代化建设同时需要一个核心价值,使它能够引领社会普遍存在的多元观念,从而调动起社会上最广泛的力量与资源参与到社会主义建设中来。

(4)民族性与时代性的统一

社会主义核心价值观继承和吸收了中国传统文化的精华,并用中华民族的语言表达风格给予精确表达。任何一种核心价值观的提出,都以传统历史文化积淀为基础。社会主义核心价值观吸收了中国传统文化的"天人合一""自强不息""以人为本""厚德载物"等思想精华,同时又和改革开放以来我们所倡导的"民主法治""精神文明""和谐社会"等价值理念相一致。它反映了我们国家、民族的文化积淀和思想成果,展示了对中国传统文化和当前改革实践的高度自觉、自信,具有鲜明的传统特色、民族特色。

与此同时,社会主义核心价值观还具有与时俱进的时代精神,是在吸收人类文明的共同成果的基础上形成的。从历史发展来看,社会主义作为资本主义的对立物出现在历史舞台上,本身就是在吸收借鉴资本主义文明成果的基础上发展起来的。民主、自由、平等、法治等是人类几千年文明成果的积淀和升华,具有普世性的价值。社会主义核心价值观对这些内容的吸收,是对人类认识世界、改造世界的共同成果的继承与吸收。从人类文明的广阔视角出发,审视和提炼出的社会主义核心价值观体现了中国共产党人与时俱进的理论品质。

(5)稳定性与发展性的统一

社会主义核心价值观是一个能包容社会多样价值观的开放体系。从它的性质、特征等方面来看,它始终是我国社会主义现代化建设的理论核心内涵,一直处于引领地位,能够包容多元价值,所以社会主义核心价值观在以后很长一段时间内,对我国社会发展引领的科学性、长期性、革命性是不会改变的。加之,社会一直在向前发展,社会主义核心价值观也必将

第二章　社会主义核心价值观的科学内涵

在很长的时期内包容、接纳社会发展不同阶段的新的时代精神，在包容、接纳的同时，不断完善自己、强大自己，从而凝聚成一个集中体现时代精神、民族精神和世界特色的核心价值引领。

2. 社会主义核心价值观的本质

以人民为价值主体的社会主义核心价值观，它是一个开放的价值体系，同时，真实、科学地反映了社会主义客观价值。

（1）人民性

价值的根本特征是主体性。在由主客体构成的价值关系中，主体的需要和能力居于主导地位，价值从根本上反映或取决于主体的特性和规定性。有人将价值比喻为银行的支票，支票上的钱数相当于客体，姓名相当于主体，支票上的钱多少不重要，重要的是这是谁的钱。在社会这张支票上，自由、平等、民主也是这样，其价值关键是代表谁，服务于谁，是谁的自由、平等、民主。我国是社会主义国家，是人民当家作主的社会，人民是国家的主人，因而也是一切价值的主体，所以体现最广大人民的根本利益，真实反映最广大人民的愿望和要求，这就是社会主义核心价值观的本质特征——人民性。社会主义核心价值观内部所蕴含的最基本的价值追求就是不断满足人民群众的根本利益和意志，满足人民追求美满、富裕的物质生活这一根本利益和意志。广大人民群众的物质财富充裕，从而才能国富民强。国家权力机关必须对广大人民负责，国家的最高职能就是保证人民的自由和权利不受侵犯。具体地说，就是现代社会的宪法权利意识，其本质内容就是宪法赋予公民的权利具有神圣不可侵犯的性质。而这正是对社会主义核心价值观人民性的最本质内容的体现。

（2）科学性

如前所述，价值是客体对价值主体的作用、效应、意义，即客体对主体的满足，而主客体之间的这种关系是一种客观存在。例如食物的营养价值、文艺作品的社会效应，都是一种客观的社会存在。而价值观则是对价值现象的反映。如同其他认识有正确或错误一样，价值观也有是否真实反映客观对象的价值问题。从我国社会主义现代化建设的客观性实际出发，正确把握社会主义核心价值观，要以我国社会主义建设的客观历史现实为根据，实事求是地从中国实际出发。它深刻地体现了人民群众的根本利益，体现了人类社会发展的根本趋势和方向，有利于进一步解放和发展社会主义生产力，有利于推动中国社会乃至人类社会的全面进步。

（3）民族性

社会主义核心价值观的提出，是建立在中华优秀传统文化深厚基础上，代表了整个中华民族的根本利益。在社会实践过程中，社会主义核心价值观的民族性要求我们要结合中华优秀传统文化，在做好传承的同时，更要结合时代特征做好创新。对传统文化的科学继承与创新，就要与我国的国家建设密切联系。在这个问题上，我们坚决反对民族虚无主义，结合现代中国发展实际和世界发展局势，真正建立起以中华民族精神为核心的民族自豪感和自信心，结合中国现有的多元社会思潮，经过科学的吸收与扬弃，真正实现社会主义文化对国内西方文化思潮的引领和导向作用。与此同时，也要坚决反对民族文化复古主义，对中国传统文化要采取科学分析、批判的态度，真正区分精华与糟粕，并坚持取其精华、去其糟粕的基本方针，这样才能实现对传统文化的真正传承，真正实现中国文化对国内西方社会思潮的统领，并使中国文化充分发挥其时代价值。

（4）开放性

价值观和其他事物一样，也是一个不断发展的过程。随着时间的不断深入，人们对价值观的认识也在不断发展变化。自改革开放以来，中国共产党一直在积极、不断探索、总结、凝练社会主义核心价值观，形成了不同时期逐步完善的认识深化过程。中国文化的一个重要特征就是开放性。五千多年来，中国文化自发展之初起，就不断容纳了佛教等诸多世界上曾经出现的重要的文化类型。当今社会，中华民族依旧继续保持着开放的胸怀与态度，勇敢吸收、容纳世界其他民族和国家的优秀的文化，从而形成新时代中国文化。历史发展到今天，作为中国传统文化价值观的时代体现，社会主义核心价值观则继续保持着开放性的文化特征。它是一个开放的理论体系，其理论内涵和思想外延始终关切时代价值发展特征。社会主义意识形态本身所具有的包容性在社会主义核心价值观的开放性中得到真实而重要的体现。自新中国成立以来，我国文化建设就牢牢地坚持"百花齐放、百家争鸣"的基本方针，在坚持多样性和差异性的基础上努力推动文化建设的繁荣与发展。社会主义核心价值观作为社会主义一种主导的意识形态，它积极吸收了世界各类优秀价值观成果，以适应时代发展的需要。它的开放性还体现在社会主义核心价值观是以马克思主义作为指导思想。马克思主义本身就是开放的，它吸收了以往一切社会科学发展的积极成果，尤其是对哲学、古典政治经济学和西方空想社会主义的继承与发展。在马克思主义理论指导下，社会主义核心价值观虽然是在当前中国社会实践的基础上产生的，但是它的发展方向却是为全世界、全人类谋求幸福与和谐。

二、社会主义核心价值观的现实意义

（一）社会主义核心价值观的地位

在对社会主义核心价值观进行培育和践行的过程中，要一直掌握意识形态的领导权和主导权，只有坚持正确的意识形态导向，提高正确的意识形态的指引能力，才能做到真正壮大主流思想与主流舆论，对于建设中国特色社会主义先进文化具有深远的意义。

1. 社会主义核心价值观决定文化建设的发展方向

马克思主义政党在思想上的精神旗帜是社会主义先进文化，中国特色社会主义事业的重要组成部分包括文化建设。当今社会，社会主义核心价值观是推进社会主义先进文化建设和促进文化大发展与大繁荣的关键所在。社会主义核心价值观是社会主义意识形态本质的体现，也是社会主义社会的灵魂和支柱，亦是全国人民努力奋斗的共同思想保证。要想用社会主义核心价值观引导中国先进文化建设，首先要正确了解社会主义核心价值观和中国先进文化建设之间的关系，这对于强化和稳定马克思主义在意识形态领域的地位具有重要的指导作用，对于不断发展中国特色社会主义伟大事业具有重大且深远的意义。

文化建设一般包含主体层面以及文化产品层面的建设，因此文化建设应该从主体和文化产品两个层面同时展开。这两个层面都和社会主义核心价值观在本质上是一致的，并且二者的发展方向都由社会主义核心价值观所决定。

文化即人的文化，发展人是文化建设的核心。人类在文化上每迈出的一步，都是迈向真正自由的一步，人类与文化在根本上是一致的，人类创造出的文化活动从根本上提升了人类本质；人类本质的提高势必会表现在更好的精神文化活动上。在人与文化的不断互动过程中，人的自由而全面的发展得到了很重要的进步和提升，人的发展才是文化建设的根本，因此要培育积极、进取、向善的人，要培育自由全面发展的人。一定的核心价值观是人类自由而全面发展的基础。在日常生活中，我们需要做到敬业、诚信和友爱，这些基本要求是由社会主义核心价值观所确定的。爱国、友爱以及和谐在日常生活中表现出来的则是善良和爱心。这些都是以社会主义核心价值观作为基础的。自发的善与爱，同样也是在正确的价值观基础上内化形成的，同样需要正确的核心价值观来引导。

优秀文化是检查文化建设的工作成败得失的标准，优秀文化包括物质形态的文化产品和精神形态的文化产品。优秀文化的创建最需要的是正确的指导思想，优秀文化产生的直接动力在于民主、和谐。理论作品、学术著作、影视作品、科技产品全部处于社会核心价值观的支配下。创建优秀文化的关键在于创新，而优秀文化的道德前提则是诚信，学术剽窃、学术不端等行为和其他不良文化现象和行为都是违背社会主义核心价值观的。

无论是人格的树立，还是精品文化的生产，都要在社会主义核心价值观的要求下实践和发展，社会主义社会的文化建设势必也应该以社会主义核心价值观作为意识指引。

2. 社会主义核心价值观决定文化建设的主要内容

马克思主义中国化的成果之一就是社会主义核心价值观。它的提出既是社会主义进一步发展的必然产物和具体表现，还是对社会主义在当前新形势下的实践印证。社会主义核心价值观充分地反映了社会主义意识形态方面的理论基础，必然性与偶然性、自发性与自觉性、历史性和逻辑性是其在马克思主义中国化的历史进程中的完美体现，展现了一个和谐的统一体，明确提出了社会主义文化建设在新时代的基本要求。

文化建设的内容是社会主义核心价值观的重要组成部分，也是其重点工作，文化建设的基本内容应在社会制度、意识形态和核心价值观之间相互适应的前提下进行。社会主义与资本主义产生迥异的文化建设内容及不同重心的原因在于不同的核心价值观。社会主义核心价值观在国家层面以及社会层面上反映出以马克思主义为指导思想的社会主义社会的根本价值。

第二章 社会主义核心价值观的科学内涵

随着改革开放的推进，中国的文化市场经历了从无到有，慢慢地成长，文化市场逐渐规范，国家不断提高监督能力，基本形成了统一、开放、竞争、有序的文化市场体系。随着我国文化市场的不断发展，我国文化产业也呈现可喜的全面发展势头，文化市场中优秀的影视作品、优秀的文化书籍、符合社会主义核心价值观的公益广告、符合时代潮流的文化会展等合理的文化产业系统逐步形成，这恰恰说明我国的文化产业发展迈向了更加专业的新时代。文化产业以及文化市场要想得到快速、正确的发展，同样需要社会主义核心价值观中诚信、公平、法治的引导。

3. 社会主义核心价值观决定文化建设的质量和水平

核心价值观主要是包括统治阶级的思想以及能为社会服务的社会指导思想的总和。统治阶级必然会建立符合自身价值的核心价值观。社会主义核心价值观的提出是符合中国共产党自身价值的，是在形式上和实践中与马克思主义政党本质高度统一的理论形态。社会主义核心价值观在社会主义核心价值体系的基础之上，合理归纳出三个层面的核心价值实质，在便于全国人民领会掌握的同时也便于在社会实践中正确发展。

在当前错综复杂的国际形势下，国内社会结构也面临着进一步调整，文化建设在新时代的主要课题变成了"怎样发挥先进文化在中国特色社会主义发展事业中的重要作用"。党的十八大报告提出了崭新的"五位一体"总体布局，即经济建设、政治建设、文化建设、社会建设和生态文明建设这五个方面，它们之间不是相互独立的个体，而是相互依赖，紧密连接，是高度有机的统一，背离任一方面，其余方面也很难建成或很难实现高质量的建设目标。社会主义文化建设的质量、水平和特点关系到国家全局的发展以及人民生活的质量。

文化建设在全面的整体布局当中，其特点在于全面理解、融会贯通，是社会主义建设事业全局中的价值追求和精神支柱。文化建设不是也不应该是虚幻的，它应该拥有自己合理的建设方针和独到的评判标准，这是检验文化建设质量和水平的标准，也是文化建设的前提保证。

中国传统文化融入高校思政课社会主义核心价值观教育研究

（二）建设社会主义核心价值观的时代价值

在世界范围内，文化日益成为各国综合国力竞争的重要因素。作为文化核心的价值观一旦形成，它就会成为大众心中评价事物的意义、权衡得失轻重、决定褒贬取舍的主要标准。多元文化决定了价值观存在的多样性，而社会主义核心价值观的形成是在尊重、包容多样性的基础上，吸收借鉴古今中外优秀价值观，从本质上充分体现出当代中国社会主义意识形态。

1. 社会主义核心价值观建设是中国特色社会主义事业的基础工程

在生活中，小到个人，大到国家、民族，价值观对社会大众的价值取向、思想意识、道德评价和实际活动都具有深刻影响。社会主义核心价值观是整个社会信念存在和发展的思想基础。每个社会都存在一定的、正当性的价值观念体系，得到了全体人民的认可，这个体系是人们共同的政治信念和价值观念的基础。如果这种体系并未得到社会大众的认可和支持，那么，在社会发展的过程中就会出现各种问题，有可能会影响整个社会无法长期稳定、持续发展。所以，核心价值观的科学凝练和大众认同，是维持社会长治久安的重要思想基础。具有民族特色、时代特征和世界特色的社会主义核心价值观建设将为中国社会主义发展和全中国人民幸福生活提供强大的精神动力和舆论支持。

2. 社会主义核心价值观建设是深入推进社会主义核心价值体系建设的现实需要

社会主义核心价值观在国家层面所追求的就是经济民富国强、政治法治民主、文化文明进步、社会和睦和谐。它对广大人民具有巨大的价值指引，是人民的精神、希望所在。"三个倡导"的提出，是对社会主义核心价值追求做出的明确规定：富强、民主、文明、和谐表达了在社会生活的四大领域中，在建设中国特色社会主义过程中所追求的基本目标；自由、平等、公正、法治是处理人际关系和人在生活中所要实现的目标；爱国、敬业、诚信、友善清晰地界定了现阶段全社会所要遵循的道德准则，是社会大众应达到的基本道德水准。社会主义核心价值观建设能够在广大群众的自我价值追求和价值实践中不断推动社会主义核心价值体系获得更好的发展。

第二章　社会主义核心价值观的科学内涵

3. 社会主义核心价值观建设是发展社会主义先进文化的需要

文化进步能够为国家发展、社会进步提供重要智力支持和精神力量。在我国社会改革转型的重要历史时期，进一步巩固马克思主义的指导地位，切实坚定中国特色社会主义共同理想信念，深入推进民族认同的精神文化支柱，弘扬社会基本的道德规范，对一个发展中的社会主义大国而言，具有至关重要的意义。具体来说，社会主义核心价值观建设，就是要将其作为我们最根本的目标共识，使之成为引领我们前进的精神原动力，最大限度地动员和凝聚全国最广大人民的力量，积极投入中国特色社会主义伟大建设中；在促成中国特色社会主义事业发展的同时，也使中国的国家形象、竞争力以及中国人民的精神面貌更加得到世界人民的认同，真正实现国家富强、民族振兴、人民幸福，使中华民族更好地屹立于世界民族之林。

4. 适应国内经济文化多元化的需要

中国特色社会主义是在继承中国优秀传统文化的基础上发展起来的。习近平总书记在庆祝中国共产党成立95周年大会上提出"四个自信"，即对中国特色社会主义道路自信、理论自信、制度自信、文化自信。"四个自信"标志着中国特色社会主义制度文化建设和价值体系的进一步完善和创新，是马克思主义中国化的重要理论创新，对弘扬民族文化软实力、继承和发展中国优秀传统价值观具有重要作用。

社会主义核心价值观是建立在我国社会主义制度基础上的，其宗旨和价值精神符合我国社会主义制度的本质要求。目前，我国正处于经济体制和社会结构深刻变革的过程中，要稳步推进改革，必须不断提高和完善政治文明、经济文明、社会文明、文化文明和生态文明水平。随着经济全球化的不断发展，人们在追求利益和价值时有了多种选择，这就促使了社会观念和意识形态的多元化。此外，经济体制正处于转型期，社会结构正逐步呈现多层次发展趋势，势必引发一些社会问题。大学生正处于价值观形成的关键时期，他们中的一些人由于受到消极因素的影响和自身认识上的局限，对社会发展中的问题缺乏正确的认识，导致对中国特色社会主义制度缺乏深刻的认识，对社会主义核心价值观的确立失去了信心，特别是一部分大学生对党和国家的大事关注度不高，对社会主义制度建设、理论建设、道路建设、文化建设不够坚定，甚至有的大学生把入党作为找好工作的必要条件。同时，我国传统文化和道德思想也面临着西方文化负面影响的严峻挑战。积极培育和引导大学生践行社会主义核心价值观，整合多种社会思想，凝聚社会改革共识，实现统一思想认识的历史任务，培养合格的建设者和可靠的接班人，是十分必要和紧迫的，这直接关系到经济社会的可持续健康发展。因此，在对大学生进行社会主义核心价值观教育的过程中，要以增强"四个自信"为目标，引导他们了解党史、党情、国情，了解中国共产党成立以来艰难曲折的历史和光辉历程，了解我国的基本国情、党和国家政策、国家发展方向和目标等，逐步增强大学生对我国社会主义共同理想的高度认同和深刻体会，坚定社会主义建设终将夺取全面胜利的信心。

5. 实现中国梦的动力之源

中国梦指明了国家和民族前进的方向，凝聚了几代中国人的心理期盼，体现了中华儿女的整体利益。

共同富裕，公平正义，民主法治，自由平等，诚信友善，文明和谐……这些内容既是人民群众的愿望理想，也是每个人中国梦的不同体现。而这些平实朴素的梦想融入社会主义核心价值观，使得它为中国梦的实现指明了方向。新时代，广大人民承担着实现中国梦的历史重任。他们的价值观状况如何，不仅关乎个人道德水平状况和个人成长成才，更关乎国家富强和民族复兴的中国梦。通过在人民群众中积极培育和践行社会主义核心价值观，能够引领他们胸怀共产主义远大理想，坚定中国特色社会主义信念，增强抵制各种腐朽思想侵蚀的能力，做到坚持理想信念不动摇，自觉把个人的前途命运与国家和民族的前途命运紧密联系起来，努力学习，掌握本领，艰苦奋斗，自觉磨炼自己，为实现中国梦而贡献力量，为实现中国梦提供坚实的保证。

6. 抵御西方价值观挑战的需要

从本质上讲，主流意识形态是一定社会时期的主导意识形态，它支配着社会各阶层对政治、经济、文化、制度等的认识，直接影响着人们的思想意识和行为表现，具有普遍性和传播性。在经济全球化和信息网络化的背景下，中国与世界各国的经济文化交流日益频繁，同时，国外社会思潮和意识形态也随着各领域的交流而进入我国，使我国社会意识形态空前活跃，进一步刺激了我国主流意识形态的复杂发展。特别是近年来，在互联网全球化的背景下，西方资本主义国家通过网络媒体潜移默化地将西方的价值模式传递到我国，特别是以电影、游戏、音乐等文化形式向大学生灌输西方世俗生活方式和实用主义价值观。一些西方国家更是打着"人道主义"和"普世价值"的幌子，大肆宣扬"自由""民主""平等"等西方核心价值观，严重影响当代大学生的思想认识和价值取向，导致部分大学生对西方资本主义制度的过度崇拜。部分政治理论素质和心理发展不够成熟的大学生，他们往往没有认识到中国与西方资本主义国家在政治制度、文化观念和思想意识上的本质区别，盲目认同和接受西方价值、政治理念和文化理念，倡导西方生活方式和实用主义，认为西方文化比中国文化先进。这种极端崇拜导致对中国优秀传统文化和核心价值观的怀疑，严重干扰了大学生的价值标准和行为规范。

　　加强大学生社会主义核心价值观的培养教育，应培养他们树立远大理想信念，全面提高思想政治素质，正确看待深化改革过程中出现的问题，增强对中国特色社会主义制度的信心，进一步弘扬民族精神和时代精神，为改革开放和现代化建设作出贡献，为大学生健康成长注入强大的精神动力。

第三章 中华优秀传统文化与社会主义核心价值观的内在关联

具有五千年文明历史的中华民族,是世界上唯一在文化上从未出现"断层"的国家。当今中国所倡导的社会主义核心价值观,之所以存在生长和发展的土壤,就在于其与中华优秀传统文化是内在关联的。二者之间的内在关联存在着多种可能,正因为这些可能才使得二者之间的内在关联成了必然,"可能"与"必然"的结合,衍生出二者关联的意义。本章将从社会主义核心价值观与中华优秀传统文化内在关联的多种可能、多维必然、多重意义三个方面入手,对二者之间的内在关联进行深入研究。

一、社会主义核心价值观与中华优秀传统文化内在关联的多种可能

社会主义核心价值观与中华优秀传统文化具有本质上的关联,根本原因在于二者之间在时间及空间上的诸多交集,因而存在着内在关联的多种可能。由于二者所处的时代不同,所以这种时间及空间的交集并非落地而生的,而是通过中国历史的波澜起伏、曲折漫长的发展过程而呈现出来的。社会主义核心价值观与中华优秀传统文化内在关联的多种可能主要体现在三个方面:历史回眸的追溯可能、当代际遇的现实可能、科学契合的实践可能。

第三章　中华优秀传统文化与社会主义核心价值观的内在关联

（一）历史回眸的追溯可能

从开元盛世到"两半"社会、从地大物博到任人宰割、从文明古国到"东亚病夫"，中国经历了世界上其他国家不曾有过的苦难与耻辱。在这痛苦的过程中，中国被迫向世界"敞开"了国门，中华优秀传统文化也由此与世界文化开始融合，进行深度交流与沟通。众所周知，与哥伦布发现新大陆一同而来的是世界历史的互通。随着工业的迅速发展，世界开始发生巨变，马克思指出："过去那种地方的和民族的自给自足和闭关自守状态，被各民族的各方面的互相往来和各方面的相互依赖所代替了。"[①]当时的中国不得不承认这样一个事实：我们一向引以为傲的国家，其实是一个综合国力低下、满目疮痍，甚至于不堪一击的"纸壳"框架。"与外界完全隔绝曾是保存旧中国的首要条件，而当这种隔绝状态通过英国而为暴力所打破的时候，接踵而来的必然是解体的过程，正如小心保存在密闭棺材里的木乃伊一接触新鲜空气便必然要解体一样。"[②]面对国破家亡的悲惨境地，无数仁人志士承受着情感和良心的双重拷问：怎样才能救亡图存？这是旧中国给民众提出的一个难题。"是退回历史还是走向未来，是继续坚持本国的文化传统还是学习借鉴西方的文明成果，是跟在发达国家的身后亦步亦趋还是开辟出一条具有中国特色的文化发展道路。"[③]

回顾历史，我们可以看到，当时的中国已经产生了影响较大的救亡图存行动，太平天国运动是当时最具代表性的农民起义。洪秀全领导农民开展反帝反清的斗争，在一定程度上加速了清王朝和整个封建制度的衰落与瓦解，但是由于农民阶级的局限性导致这场轰轰烈烈的农民运动最后以失败而告终。紧随其后的是以洋务运动为代表的自我改良，魏源主张"师夷长技以制夷"。洋务运动明确中华民族积贫积弱的状况不是因为文化，而是在于技术，进而倡导"中学为体、西学为用"（张之洞《劝学篇》）。洋务运动的根本思想就是"自强、求富"，在这一思想的指导之下，洋务

---

① 中共中央马克思恩格斯列宁斯大林著作编译局. 马克思恩格斯选集（第一卷）[M]. 北京：人民出版社，2012：404.

② 中共中央马克思恩格斯列宁斯大林著作编译局. 马克思恩格斯选集（第一卷）[M]. 北京：人民出版社，1995：692.

③ 房广顺. 社会主义核心价值观与中华传统文化 [M]. 北京：人民出版社，2015：127.

运动为中国近代军事、经济、政治、教育等方面带来一定的积极影响。在经历了农民起义、自我改良的失败后，中国知识分子先知先觉地发起了戊戌变法。然而，仅仅103天，戊戌变法宣告失败。但是这次变法却是中国近代史上一次重要的政治改革，同时也是思想启蒙运动，对思想解放和社会进步起到重要推动作用。在起义、改良、变法都不能改变旧中国面貌的情况下，以辛亥革命为代表的民主革命声势浩大地开始了。辛亥革命的领导阶级在当时已经深刻地认识到，想要挽救中国于水火之中，必须推翻清王朝的统治并建立新的先进政权，否则任何改革、革命都将是无用功。

梳理不同形式的救亡图存行动，其实是在探究每一种行动背后的文化指导思想和价值理念追求。无论是农民起义还是自我改良运动，其失败的原因都可以在文化方面找到"痕迹"，因为只有作为指导思想的文化根基与当时社会生产力状况相适应，才能产生推动社会进步的软性力量，才能推动人类社会的发展和进步。反之，只能被历史的车轮碾压。剖析这些行动失败的根本，是因为其所"倡导的核心价值观与中国具体国情不相适应、与中华传统文化不相契合，故而都不能从根本上解决中国的问题，不可能从根本上改变旧中国饱受屈辱的悲惨命运，不可能从根本上使中华民族走向独立自主与安定繁荣"①。客观地讲，这些救亡图存运动虽然没有从根本上改变旧中国的面貌，但是每一次起义、改良、变法、革命给民众思想带来的冲击是巨大的，也正是由于一次次的思想冲击，一些先进民众开始反思，如何能够使旧中国摆脱积贫积弱的泥潭？"十月革命一声炮响，给我们送来了马克思列宁主义。"②马克思主义的科学性和实践性得到了先进知识分子及有识之士的认可，由此，中华民族的命运终于得到改变。马克思主义刚刚来到中国的时候，思想尚在被蒙蔽之中的群众也曾呼吁复兴传统文化，以传统文化治理国家，将马克思主义"赶"出中国。但是事实证明：马克思主义与中华优秀传统文化的有机结合，恰好走出了一条适合中国国情的道路，为中国的发展提供了科学的理论指南。"透过历史的视角，社会主义核心价值观与中华传统文化的碰撞不是平和的、柔性的，而是经历

---

① 房广顺. 社会主义核心价值观与中华传统文化 [M]. 北京：人民出版社，2015：128.
② 毛泽东选集（第四卷）[M]. 北京：人民出版社，1991：1471.

第三章　中华优秀传统文化与社会主义核心价值观的内在关联

了一波三折乃至激烈冲突的坎坷历程。"①历史发展过程中，一场激烈的思想变革不得不被提到，即新文化运动。一批受过西方教育和影响的新知识分子纷纷回国，同时也带回了新的思想。众所周知，新文化运动首先以文学为革新对象，当时的文学作品中渗透着深厚的传统文化意味。正是由于新文化运动中所提倡的思想与中华传统文化有所不同，所以自五四运动开始，马克思主义与中华传统文化之间的关系问题一直是学界饱含争议的话题。毛泽东在《中国革命和中国共产党》《新民主主义论》《改造我们的学习》等文章中对如何对待和运用传统文化作了详细论述。他曾指出，从孔夫子到孙中山，我们应当给以总结，承继这一份珍贵遗产。这对于指导当时以及我们当前的伟大运动，都是具有重要意义的。事实证明：马克思主义只有与中华优秀传统文化相结合，才能走出适合中国国情的道路，才能对当代中国发展起到推动作用，才能使马克思主义理论落地生根、焕发生机和活力。在历史回眸中，我们不禁追问：为什么中华优秀传统文化能与社会主义核心价值观相融，并达到各自的升华？一方面，是因为理论本身的科学性。社会主义核心价值观作为马克思主义中国化一脉相承的理论成果，内在地继承了马克思主义理论科学性的特点。它从产生之时便能够适应我们国家的现实需要，并能够引领民众树立科学的价值取向、进而走向进步。另一方面，是因为中华优秀传统文化的开放性和包容性。中华优秀传统文化具有兼容并包的优秀品格，孕育了博大精深的中华文化，哺育着无数华夏儿女的成长，流淌于华夏儿女的血脉。"中华优秀传统文化是世界上唯一没有间断的文化，五千年来的生生不息造就其包容的美好品质。先进的理论必然要代表先进文化的发展方向，基于此，中国共产党人运用富有生机和活力的马克思主义理论与中国具体国情相结合，成就了马克思主义中国化的第一大理论成果，并在极短的时间内完成建国任务，建立起社会主义制度，使社会主义的价值观首次作为占统治地位的价值观与中华传统文化开启了二者创新发展的新篇章。"②

---

① 房广顺. 社会主义核心价值观与中华传统文化[M]. 北京：人民出版社，2015：128.
② 房广顺. 社会主义核心价值观与中华传统文化[M]. 北京：人民出版社，2015：129.

（二）当代际遇的现实可能

新中国的成立是中华民族发展史上开天辟地的大事件。在经历了长达一百年之久的屈辱后，中国人民站起来了，结束了半殖民地半封建的社会形态，以崭新的姿态迈入新的社会发展阶段。新中国成立后，在思想文化领域最大的改变就是，我国的社会主义意识形态得以确立，正式结束了从前由社会思潮到社会思潮的往复过程。而社会主义核心价值观是在中国革命、建设和改革开放的伟大历史实践中逐步形成、丰富、完善和发展的。从新中国成立初期的经验匮乏到社会主义建设初步探索阶段的几次误区再到后来逐渐"步入正轨"，社会主义核心价值观与传统文化在"痛并前进着"的实践中找到相同的步伐，并通过对自身的扬弃，最终在共同发展中得以完善。

在二者的当代际遇中，有一个问题是必须要注意的，即何种核心价值观与何种传统文化能够相互促进？这个问题放在今天来回答，答案是显而易见的：社会主义核心价值观与中华优秀传统文化相互促进。但是，在新中国成立之初，社会主义核心价值观还仅仅是雏形，涵盖范围及具体内容尚未得到明确界定。也正是因为很多问题没有被明确回答，导致当时社会在寻找主流价值、探索传统文化的过程中走了弯路。但是，随着在实践中发现问题、改正错误，社会主义中国最终迎来了新的发展机遇期，并对"什么是社会主义、怎么样建设社会主义"作出科学回答，这就是邓小平所说的："社会主义的本质，是解放生产力，发展生产力，消灭剥削，消除两极分化，最终达到共同富裕。"① 自此，群众的思想得到了解放，伴随而至的就是生产力的解放，党的工作重心也转移到经济建设方面。马克思主义理论与中华优秀传统文化相结合而产生的一系列科学的理论成果也见证了中国特色社会主义事业的一次次飞跃。

真正将社会主义核心价值观与中华优秀传统文化从形式到内容、从历史到当代、从零散到整体达到统一的是中国梦的提出。2012年11月29日，习近平总书记在参观"复兴之路"展览时，第一次阐述了中国梦的思想，此后，中国梦逐步被赋予深刻内涵："实现中华民族伟大复兴，是近代以来中国

---

① 邓小平. 邓小平文选（第三卷）[M]. 北京：人民出版社，1993：373.

第三章 中华优秀传统文化与社会主义核心价值观的内在关联

人民最伟大的梦想,我们称之为'中国梦',基本内涵是实现国家富强、民族振兴、人民幸福。"① 虽然中国梦是在21世纪被提出的,但是自古以来,中国人民脚踏实地、敢于追梦,在长期的历史发展进程中实现了一个又一个伟大的梦想。"'中国梦'最早出现在宋代诗人郑思肖的诗中:'力不胜于胆,逢人空泪垂。一心中国梦,万古下泉诗。'诗所述虽不是'伟大复兴中国梦'的意蕴所指,却也表达出身后的家国情怀。"② 中国梦汇聚中华民族千百年来的勇气和智慧,承载全体中国人的厚重期望,描绘出国家强盛、民族兴旺、人民幸福的美好愿景;同时,它也是全体中华儿女在政治、经济、文化等多方面努力追求的目标,内在地继承了中华民族五千多年的文化精髓,同时体现了科学发展、有序发展的现代理念。中国梦的最终实现必然是由一个个鲜活的个体梦想的实现凝聚而成的,人民群众普遍期待更完善的医疗保障、更健康的发展体制、更稳定的工作、更优美的自然环境……这一切都是中国梦的生动内涵,同时也是实现中国梦的基本要求。

在实现中国梦的伟大征程中,社会主义核心价值观与中华优秀传统文化已经越来越多地融为一体,相互交织。实现中国梦,内在地包含着实现每一个中国人的个人梦,这与中华传统文化所提倡的"重民本"理念不谋而合。中华文明重视人的价值,"重民本"是中华优秀传统文化的重要内容之一。儒家文化是一种人文主义的文化,蕴含着深厚的人文情怀。《孝经》有:"天地之性,人为贵。"董仲舒的《春秋繁露》指出:"天地之精所有生物者,莫贵于人。"这些都在传递和表达着重视人的地位这一理念。同时,儒家文化还强调人的主体性,重视培养个体的独立人格、独立意识。"志士仁人,无求生以害仁,有杀身以成仁"(《论语·卫灵公》)、"舍生取义"等诸多论述都在强调独立的意识、人格的重要意义。此外,中华优秀传统文化还重视人的责任和担当:人的地位被重视,加之人拥有独立意识、独立人格后,人必须承担其所以为人的责任和担当。中华优秀传统文化还强调个体与整体的关系,当作为个体的人的利益与作为整体的国家的利益同时出现时,要以整体的国家利益为主,林则徐有语:"苟利国家生死以,岂因祸福避趋之"便是最好证明。正是中华优秀传统文化的这种担当意识,

---

① 习近平. 习近平谈治国理政[M]. 北京:外文出版社,2014:274.
② 周菲. 社会主义核心价值观与中国梦[M]. 北京:人民出版社,2015:111.

中国传统文化融入高校思政课社会主义核心价值观教育研究

无论是战争年代还是和平年代,总有一批又一批仁人志士为了国家的兴亡、民族的复兴、社会的进步贡献自己的力量。"现代中国强调以人为本、与时俱进、社会和谐、和平发展,既有着中华文明的深厚根基,又体现了时代发展的进步精神。"① 这是社会主义核心价值观与中华优秀传统文化在当代的共同际遇。一个国家、一个民族的强盛,总是以文化兴盛为支撑的,中华民族伟大复兴需要以中华文化发展繁荣为条件。想实现中国梦,就要对自己本民族的文化感到自信。提到文化自信,必须要对文化自觉加以阐述。"文化自觉"这一概念是由著名社会学家、人类学家费孝通先生在 1997 年时首次提出的,是指生活在一定文化历史圈子中的人对其文化有自知之明,并对其发展历程和未来有充分的认识。换言之,是文化的自我觉醒,自我反省,自我创建。历史上,我们对文化曾经妄自菲薄或高傲自大;近代,我们对文化进行自觉反省,进而达到了自我觉醒,并在新时期对本民族文化进行新的自我创建。可以说,文化自觉是文化自信的必要准备,文化自信是文化自觉的优化结果。从这一层面来讲,中华优秀传统文化是社会主义核心价值观形成的必要准备条件,社会主义核心价值观是中华优秀传统文化在经过历史积淀后的必然结果。中华优秀传统文化流淌着中华民族的血液,社会主义核心价值观镌刻着中华民族的基因,二者在当代"相见",统一于全面建成小康社会的宏伟目标,携手描绘社会主义现代化建设的美好蓝图,相伴投身于建设中国特色社会主义的具体实践,共同实现中华民族伟大复兴的中国梦。

(三)科学契合的实践可能

社会主义核心价值观与中华优秀传统文化的内在关联,不仅体现在二者在时间交错的历史范围以及当代际遇之中达到了统一,还在于二者的科学契合为二者的实践发展提供了可能。

第一,社会主义核心价值观与中华优秀传统文化科学契合的理论前提——内容上不可分割。"虽然社会主义核心价值观是一种观念形态的精神文明,但却是综合国力的表征,是国家文化软实力、竞争力、凝聚力的

---

① 培育和践行社会主义核心价值观[M]. 北京:人民出版社,2014:133.

第三章　中华优秀传统文化与社会主义核心价值观的内在关联

表现。"①其实，早在中国古代就已经存在传统核心价值观，起始时间可以追溯到原始社会，在春秋战国时期达到鼎盛。不难看出，我国传统价值观之所以能在这一时期达到鼎盛，也是由于这一时期的文化发展繁荣促进了传统核心价值观的发展。"德之至大"是中国传统价值观的核心理念，以儒家文化为主体形成的传统价值观倡导道德为准的价值观，并以传统文化为内容进行构建。但必须注意的是，传统价值观在吸收传统文化精华的同时，也将一些糟粕思想带入价值观的建构中。所以，当传统价值观发展到一定时期，出现了与生产力发展不相适应的局面，迫切需要对传统价值观进行整合与重构。社会主义核心价值观就是在吸取传统价值观建构的教训基础上，以中华优秀传统文化为基础，并对世情、国情、党情进行分析后，建立起的符合社会发展规律、适应生产力发展的同时能够满足个体发展需求的科学的理论体系。"培育和弘扬社会主义核心价值观必须立足中华优秀传统文化。牢固的核心价值观，都有其固有的根本。抛弃传统、丢掉根本，就等于割断了自己的精神命脉。"②社会主义核心价值观与中华优秀传统文化是紧密联系、不可分割的。中华优秀传统文化是社会主义核心价值观生长的丰沃土壤，社会主义核心价值观是中华优秀传统文化得以传承的现代载体，二者相互依存、缺一不可。任何抛弃中华优秀传统文化谈社会主义核心价值观、割裂二者之间联系的做法都是不科学的，只有全面分析二者关系才能从中找到社会主义核心价值观与中华优秀传统文化的科学契合之处，这是研究这一问题的前提条件，应当得到重视。

第二，社会主义核心价值观与中华优秀传统文化科学契合的基础——发展上互为支撑。究竟是因为什么让"历史悠久的中华传统文化最终选择了社会主义核心价值观？为什么中国特色社会主义蓬勃发展的今天依然对中华传统文化尊崇备至"③，我们要从社会主义核心价值观本质中来找寻答案。社会主义核心价值观归根结底是社会主义意识形态的核心内容，同时也是社会主义意识形态重要的精神内核。社会主义核心价值观作为具体的

---

① 许俊. 中国人的精气神[M]. 北京：人民出版社，2014：26.
② 习近平. 习近平谈治国理政（第一卷）[M]. 北京：外文出版社，2018：163-164.
③ 房广顺，隗金成. 社会主义核心价值观与中华传统文化的契合性[J]. 马克思主义研究，2015（10）：98-109.

中国传统文化融入高校思政课社会主义核心价值观教育研究

社会主义制度下的客观存在已经不再抽象,党的十八大明确了国家、社会、个人三个层面的社会主义核心价值观的内容,它与社会主义意识形态相似相通,都是作为统治阶级的思想占据舆论主阵地、统领其他社会思潮,并时刻代表着统治阶级的利益,二者相辅相成、相互统一。社会主义意识形态从宏观的思想层面来规范和约束社会成员的行为,而社会主义核心价值观则主要是从价值维度指明国家、社会、个人三个层面的不同主体的价值追求,是作为社会主义意识形态思想范畴之一而存在的。社会主义核心价值观作为一脉相承的马克思主义中国化的最新理论成果,经得起实践检验、群众检验、历史检验,必然包含高度的科学性。社会主义核心价值观是中华优秀传统文化的高度凝练和集中表达,二者在发展过程中互为支撑,中华优秀传统文化为社会主义核心价值观的丰富和发展提供源源不断的思想资源,社会主义核心价值观又为中华优秀传统文化的传承和发扬开辟广阔的道路。社会主义核心价值观作为一个有机整体,不单单在经济政治领域发挥其应有的效用,更重要的是,它体现了中国特色社会主义文化的发展方向以及全社会范围内的价值取向。社会主义核心价值观是中华传统文化发展到现代的一种最新表现形式,二者相互融合、共促发展。总的来说,社会主义核心价值观的发展离不开中华优秀传统文化的支撑,中华优秀传统文化同样需要社会主义核心价值观的创新,才能在新时期焕发活力,得到进一步发展。

第三,社会主义核心价值观与中华优秀传统文化科学契合的价值升华——未来视域上的飞跃。社会主义核心价值观与中华传统文化相互契合,不仅体现在内容和发展两方面,还体现在二者在未来视域层面上的科学契合性。这一点最直接地体现于二者在价值追求上所具有的高度一致性。社会主义核心价值观从国家、社会和个人三个层面分别提出了基本的价值追求,这与中华优秀传统文化所提倡的价值追求有着异曲同工之妙。具体而言,社会主义核心价值观在国家层面倡导富强、民主、文明、和谐,中华优秀传统文化特别强调国家富强、文明、和谐等重要内容;社会主义核心价值观在社会层面倡导自由、平等、公正、法治,而中华优秀传统文化中儒家文化就特别重视自由平等的价值理念,对于人与人之间的平等、社会的公平等内容的论述尤为突出;社会主义核心价值观在个人层面倡导爱国、

第三章　中华优秀传统文化与社会主义核心价值观的内在关联

敬业、诚信、友善，中华优秀传统文化对于这几方面的表达同样内容丰富。众多名家、典故等都在形象地记录和传递着对国家命运的牵挂、对工作的严谨、对承诺的信守以及对他人的关爱，这也客观地反映出社会主义核心价值观与中华优秀传统文化在价值诉求上的高度一致。"中华民族创造了源远流长的中华文化，中华民族也一定能够创造出中华文化新的辉煌。独特的文化传统，独特的历史命运，独特的基本国情，注定了我们必然要走适合自己特点的发展道路。"①中国特色社会主义道路的发展离不开社会主义核心价值观的理论指导，而社会主义核心价值观更不是无本之木、无源之水，这"本"和"源"就是博大精深的中华优秀传统文化。社会主义核心价值观的培育和践行离不开中华优秀传统文化的滋养和涵育，中华优秀传统文化的活力保持同样离不开社会主义核心价值观对其创新发展，二者在未来发展过程中的有机结合，将为中国特色社会主义事业作出巨大贡献。

二、社会主义核心价值观与中华优秀传统文化内在关联的多维必然

社会主义核心价值观与中华优秀传统文化的内在关联，不仅存在可能性，而且存在多维度的必然性，主要表现为文化自觉与文化自信的理论必然、培育和践行社会主义核心价值观的实践必然、充分发挥中华优秀传统文化积极作用的客观必然。

（一）文化自觉与文化自信的理论必然

文化自觉和文化自信是弘扬中华优秀传统文化过程中必须明确的两个问题。文化自觉是文化自信的前提和基础，文化自信是文化自觉的阶段性目标。从文化自觉和文化自信这两个概念的内涵及特点中可以更加深刻地体会社会主义核心价值观与中华优秀传统文化内在关联的理论必然。

文化自觉的概念在前文中已经有所阐述，那么深入理解这一概念，需要从四个方面进行把握。其一，深刻理解文化价值认知。对文化价值的认知，不能仅仅停留在表面，要透过文化现象认识文化的深厚内涵及其对国家发

---

① 习近平. 习近平谈治国理政（第一卷）[M]. 北京：外文出版社，2018：156.

中国传统文化融入高校思政课社会主义核心价值观教育研究

展的重要意义。因为文化不仅能够影响社会生产力的发展,还在潜移默化中影响着人们的沟通、交流方式。文化经过长期的积淀,聚合成能够推动社会发展变革的强大精神力量。文化是一个国家民族精神的聚合体,是一国综合国力的重要组成部分,并日益成为社会发展的重要战略资源,因而,世界各国越来越重视文化领域的博弈。其二,科学把握文化发展规律。与其他事物一样,文化的发展亦有其自身发展的客观规律可循。只有科学把握文化发展规律,才能使文化在其可能作用的范围内发挥最大效用。这种科学把握是建立在理性认知基础上的,不是盲目地夸大或消灭文化规律的存在,即对特殊历史条件下文化建设发展规律的正确把握,始终不渝地按规律进行顶层设计和规划,科学组织实施,避免盲目性和主观随意性。[①]其三,主动扩大文化传播范围。文化传播是建立在理性认知、科学把握规律之后的第三个内容,是文化自觉的重要环节。文化只有通过广泛的传播才能确保其效用得到最大程度的发挥。大众在文化自觉的范畴内,应当善于传播中华优秀传统文化,主动扩大文化传播范围。其四,积极参与文化建设实践。文化建设实践是文化自觉的生动展示,文化建设实践是国家和民族的理想、信念以及努力方向的直接体现,也是一个国家文化软实力的集中聚合。

何谓文化自信?简单地说,文化自信就是一个国家、一个民族、一个政党对其自身的传统文化的内涵、价值和外延的充分肯定以及对其传统文化所具有的生命力的坚定信念。文化自信的特点可以概括为以下几点。其一,尊重与自豪,即对本民族文化的尊重并由此产生自豪感。就中华民族而言,中华优秀传统文化是我们应当尊重并为之自豪的文化,"中华文化积淀着中华民族最深沉的精神追求,是中华民族生生不息、发展壮大的丰厚滋养"[②]。其二,自省与自信。自省主要指将本民族文化与其他民族文化作出系统比较之后,能够理性看待自己民族文化的不足、不妄自菲薄,进而反省本民族文化的劣势,汲取其他民族文化的优势,兼容并包。一个民族的文化自信与成熟,不仅表现在对自己民族文化的自豪感上,同时也表现在对自己文化的反思、批判与扬弃上,文化上的谦虚与自我反省,不仅

---

① 刘芳. 对文化自觉和文化自信的战略考量 [J]. 思想理论教育, 2012 (01): 8-13.
② 习近平. 习近平谈治国理政(第一卷)[M]. 北京: 外文出版社, 2018: 155.

第三章 中华优秀传统文化与社会主义核心价值观的内在关联

不是文化上的自卑，反而是具有文化自信的表现。[①] 自信是建立在自省基础上的，即明确不足、弥补劣势后，拒绝自暴自弃，要对本民族文化充满自信。这一特点在中华优秀传统文化范畴内的表现就是，在对自己的文化特质和文化价值有一个准确的判断和定位的基础上，看到博大精深、源远流长的中华文化，以其独特的文化符号，展示着中华民族世世代代不懈的精神追求。这一自信既来自于历史的辉煌，又来自于当代中国的发展成就，更来自于未来发展的光明前景。[②] 中华优秀传统文化孕育了中华民族的精神内涵，同时为其他民族文化提供精神营养。此外，文化自觉与文化自信对于实现文化创新具有重要的现实意义。众所周知，建设中国特色社会主义现代化强国，不仅表现在经济实力雄厚、政治制度优越、社会和谐稳定、生态环境优美等方面，还需要有文化层面上的自觉和自信。因为只有靠自觉与自信的文化把人的素质、境界"化"高，才能依靠高素质、高境界的人保障社会经济的全面、协调、可持续发展，这是科学发展观的要义。而文化如水，滋润万物，悄然无声，文化建设要靠天长日久，日积月累，才能水到渠成。[③] 在文化发展的重要机遇期，我们可以顺势实现中华优秀传统文化的传承和创新，使其为中国特色社会主义事业贡献精神力量。在对文化自觉与文化自信的概念及特点的梳理过程中，不难看出，文化的自觉、自信与理论的自觉、自信是相互贯通的，中华优秀传统文化与社会主义核心价值观就是文化与理论的并行主体，二者的内在关联，是一种理论上的必然，亦在客观上规定了社会主义核心价值观与中华优秀传统文化的相互依存、相互发展，使二者成为紧密联系、不可分割的统一整体。

（二）践行社会主义核心价值观的实践必然

"人类社会发展的历史表明，对一个民族、一个国家来说，最持久、最深层的力量是全社会共同认可的核心价值观。核心价值观，承载着一个民族、一个国家的精神追求，体现着一个社会评判是非曲直的价值标准。"[④] 社会主义核心价值观的发展经历了一个漫长的历史过程，培育和践行社会

---

① 林剑. 也论文化的自觉、自信与自立[J]. 学术研究，2013（06）：14-20.
② 刘芳. 对文化自觉和文化自信的战略考量[J]. 思想理论教育，2012（01）：8-13.
③ 仲呈祥. 文化自信的力量[J]. 求是，2011（07）：48-49.
④ 习近平. 习近平谈治国理政（第一卷）[M]. 北京：外文出版社，2018：168.

中国传统文化融入高校思政课社会主义核心价值观教育研究

主义核心价值观是一项复杂的工程。中共中央办公厅印发的《关于培育和践行社会主义核心价值观的意见》为社会主义核心价值观的培育和践行提出了指导性纲领。在实际生活中，培育和践行社会主义核心价值观，既需要在顶层设计上对这一问题进行明确而细致的布局，也需要群众个人自觉遵循并积极践行。"我们提出的社会主义核心价值观，把涉及国家、社会、公民的价值要求融为一体，既体现了社会主义本质要求，继承了中华优秀传统文化，也吸收了世界文明有益成果，体现了时代精神。"[1]社会主义核心价值观对于中华优秀传统文化的传承，也体现在我们主动吸收西方价值观的合理内涵和有益的话语方式上。一般来说，资本主义的价值观是优于封建社会形成的价值观的，社会主义核心价值观对此采取这种主动吸收的"传承"方式，生动地表明中国共产党人和社会主义制度尊重人类文明发展进步史的科学态度、博大的中国胸怀和中国气魄。[2]社会主义核心价值观的形成和发展，一直拥有先进科学的理论指导，正如人类的文明进步之路是一条文化积累和精神传递之旅一样，中华文明能够绵延数千年的关键也是在于中国人民对中华优秀传统文化的继承和发展。社会主义核心价值观是马克思主义与中华优秀传统文化相结合的新时代的思想产物，具有科学性、先进性和代表性。无论是社会主义核心价值观的发展历程还是其培育和践行过程，都内在地要求社会主义核心价值观必须与中华优秀传统文化有机结合，形成具有中国特色、中国气派、中国力量的独特价值观念。这二者之间的实践必然在于培育和践行社会主义核心价值观，必须以中华优秀传统文化为依托，充分挖掘中华优秀传统文化的精神资源。我们必须加快培育和践行社会主义核心价值观，加强主流意识形态建设，夯实社会主义核心价值观的认同根基，使社会主义核心价值观在群众生活中内化于心、外化于行。二者的内在关联有其必然性的同时，还有以下三方面作用。

第一，提高国家文化软实力、壮大综合国力。文化软实力日益成为各个国家综合实力较量的重要组成部分，一个国家的文化发展程度越来越关涉其民族富强、社会进步以及人口素质的提升。牢固的核心价值观必然拥

---

[1] 习近平. 习近平谈治国理政（第一卷）[M]. 北京：外文出版社，2018：169.
[2] 钱广荣. 论弘扬社会主义核心价值观与传承中华优秀传统文化的辩证统一关系[J]. 社会主义核心价值观研究，2016，2（01）：21-26.

第三章　中华优秀传统文化与社会主义核心价值观的内在关联

有其独特的稳定之根,社会主义核心价值观的内生之根就在于中华民族几千年来生生不息的中华优秀传统文化。"今天,我们提倡和弘扬社会主义核心价值观,必须从中汲取丰富营养,否则就不会有生命力和影响力。"①一个国家综合国力的壮大离不开文化的发展,培育和践行社会主义核心价值观,其最终目的是将这一核心价值观念融入人民生活,使人民真懂、真信、真用,以社会主义核心价值观引领社会思潮正向发展,逐步实现中华民族伟大复兴的中国梦。

第二,有利于坚持中国特色社会主义道路。改革开放四十多年的时间里,党和国家依靠人民取得了举世瞩目的成就,在这一过程中,我们开创了中国特色社会主义道路,确立了中国特色社会主义理论体系,形成了中国特色社会主义制度。习近平指出:"中国特色社会主义特就特在其道路、理论体系、制度上,特就特在其实现途径、行动指南、根本保障的内在联系上,特就特在这三者统一于中国特色社会主义伟大实践上。"②中国特色社会主义具有"五位一体"的总布局,而这"五位一体"的总布局是以改革开放之初的物质文明和精神文明为起点逐步形成和发展起来的。可以说,中国特色社会主义既有富强、民主的目标,也有文明、和谐的理想;既意味着经济繁荣、政治清明和法治昭彰的建制,也意味着遵纪守法、崇德尚礼的社会生态。③社会主义核心价值观与中华优秀传统文化的内在关联,为中国特色社会主义建设提供了价值依托及精神支撑。

第三,有助于掌握意识形态工作的领导权和话语权。社会主义核心价值观作为主流意识形态,对于指导中国特色社会主义建设具有重要的理论意义。在其培育和践行过程中,必须挖掘社会主义核心价值观的理论渊源,深入阐述其具有的中国特色,而其理论渊源则与中华优秀传统文化密不可分。因此,正确把握社会主义核心价值观与中华优秀传统文化之间的内在关联,对主流意识形态建设具有重要意义,同时也是培育和践行社会主义核心价值观的内在要求。在今天,社会主义核心价值观体现了社会主义的

---

① 习近平. 习近平谈治国理政(第一卷)[M]. 北京:外文出版社,2018:170.
② 习近平. 习近平谈治国理政(第一卷)[M]. 北京:外文出版社,2018:9.
③ 居云飞. 兴国之魂:社会主义核心价值观与中华优秀传统文化[M]. 北京:中国社会科学出版社,2014:3.

中国传统文化融入高校思政课社会主义核心价值观教育研究

本质属性，有效地塑造了国家形象，规范了国家行为，促进了社会的协调发展，是社会主义意识形态的本质体现。社会主义核心价值观是引导与规范其他价值观的重要抓手，能够充分发挥社会主义意识形态的功能，有效抵制各种错误思潮的渗透与干预，使社会主义意识形态牢牢占领意识形态的主阵地。在培育和践行社会主义核心价值观的过程中，需要将教育引导、舆论宣传、文化熏陶、行为实践、制度保障等方面多维并行，保证社会主义核心价值观的作用得到最大限度的发挥。

（三）发挥中华优秀传统文化积极作用的客观必然

文化的核心是什么？究其根本，就是价值观。而核心价值观又是一定的文化体系的本质与基本精神的最集中反映。先进的文化能够科学反映时代发展动态，帮助人们更好地把握时代脉搏，创造更多的社会价值，是人类社会进步的显著标志。中华优秀传统文化无疑是五千多年来中华民族先进文化的代表，"这些思想文化体现着中华民族世世代代在生产生活中形成和传承的世界观、人生观、价值观、审美观等，其中最核心的内容已经成为中华民族最基本的文化基因。这些最基本的文化基因，是中华民族和中国人民在修齐治平、尊时守位、知常达变、开物成务、建功立业过程中逐渐形成的有别于其他民族的独特标识。"① 在漫长的历史过程中形成的核心价值观提炼于中华优秀传统文化之中、焕新于中国特色社会主义的伟大实践之中、蓬勃于实现中华民族伟大复兴的中国梦之中，社会主义核心价值观与中华优秀传统文化二者的统一，必然要求我们充分挖掘中华优秀传统文化的思想内涵，使之成为我国社会发展的精神支柱，完善人们的精神世界。同样，蕴含中华优秀传统文化精神资源的社会主义核心价值观是对过去时代生产、生活和实践的科学总结，也是现时代人们生产、生活和实践的立足点，深刻地影响着人们的思想方式和实践选择。"核心价值观始终是贯穿中国社会历史进程的'红线'，是中华民族的'同心结'，是中华文化的灵魂，是中华民族精神的内核。"② 充分发挥中华优秀传统文化的

---

① 习近平. 论党的宣传思想工作 [M]. 北京：中央文献出版社，2020：82-83.
② 居云飞. 兴国之魂：社会主义核心价值观与中华优秀传统文化 [M]. 北京：中国社会科学出版社，2014：14.

第三章 中华优秀传统文化与社会主义核心价值观的内在关联

积极作用，建设中华民族共同的精神家园，是传承优秀价值观念、优秀价值传统的客观使然，应从以下三个方面着手实践。

第一，联系历史、发展当下。推动社会发展的精神动力和促进民族进步的凝聚力是与其作为信仰的精神家园紧密联系在一起的，中华民族的精神家园是几千年来生生不息的中华优秀传统文化所构筑的栖息地。众所周知，任何一种文化的发展都要经历漫长的过程，这一过程是历史的、动态的、统一的。因此，我们不能割断历史文化的发展脉络，更不能忽视五千多年来中华民族绵延至今的价值传统。应当紧密联系"三个倡导"的具体内容，讲清楚、说明白中华优秀传统文化的渊源、绵延之脉和发展走向，树立文化自信意识，进而增强文化自信心，提升文化软实力。新时代，提升文化软实力、发挥中华优秀传统文化的积极作用，必须以马克思主义为指导，坚持正确的价值导向，从中华优秀传统文化中提炼有益内涵，契合社会主义核心价值观的培育，使二者达到有机统一，促进文化发展和繁荣、培育和践行社会主义核心价值观。

第二，对话国际、加强交流。充分发挥中华优秀传统文化的积极作用，还需要扩大优秀传统文化的影响力，这不仅需要加强国内的文化体系建设，还需要我们积极与世界其他国家进行文化上的对话，加强各国间的文化交流。从国际视野上来看，一国的文化影响力和竞争力可以从这一国家具有代表性的文化产品、建筑甚至是著名人物身上得到体现。我们国家的文化产业还处于发展的初级阶段，文化产品竞争力及影响力较弱，因此，必须结合我国的具体国情，充分发挥社会主义制度的优势，以此为契机，加快推进文化产业建设，提升文化产业的国际竞争力和影响力。在文化创意产业领域，我们国家的竞争力较弱，"对动漫、卡通、网游等与青少年成长关系密切的文化创意产业，可由国家统一规划，建设国家基地，集中人力、物力、财力迅速形成龙头企业和重点产品。"[①]需要注意的是，在文化沟通和交流的过程中，必须坚决维护国家文化安全。随着各国文化的沟通和交流日益密切，文化多元化趋势明显，其最显著特点就是外来文化与本土文

---

① 居云飞. 兴国之魂: 社会主义核心价值观与中华优秀传统文化[M]. 北京: 中国社会科学出版社，2014: 22.

化的融合。经济全球化背景下,西方国家的文化与我国传统文化的融合现象极为明显,如目前随处可见的洋快餐,最早传入中国时刮起了一阵"流行风",当这些洋快餐经历了发展的瓶颈后,为了更好地迎合中国消费者的口味,将原本的西方饮食文化与中国饮食文化相融合,形成具有中国特色的洋快餐,以满足消费者的餐饮需求。再如上文提到的动漫、卡通、网游等创意产业,由于我国文化创意产业的底子薄、发展速度慢,使得其他国家的一些文化创意产业快速进入我国,并占领了相当一部分市场,极大地冲击了我国本土的动漫、卡通、网游等创意产业的发展,一些外来的动漫、卡通等内容的立足点与中华优秀传统文化所倡导的精神往往是背道而驰的,甚至有一些不利于青少年成长的动漫产品导致青少年的身心发展出现畸形和扭曲。我们国家虽然是一个文化大国,但还没有完全发展成为文化强国。因此,在与世界文化沟通和交流的过程中,必须注意维护国家文化安全,为我们自身的优秀传统文化发展营造和谐、健康的发展环境。

第三,把握机遇、创新发展。从这一层面来看,主要是指社会主义核心价值观与中华优秀传统文化的内在关联,要准确把握时代机遇,在现有条件下,发挥自身优势,实现二者的创造性转化和创新性发展。2017年1月25日中共中央办公厅、国务院办公厅印发的《关于实施中华优秀传统文化传承发展工程的意见》指出:"坚持辩证唯物主义和历史唯物主义,秉持客观、科学、礼敬的态度,取其精华、去其糟粕,扬弃继承、转化创新,不复古泥古,不简单否定,不断赋予新的时代内涵和现代表达形式,不断补充、拓展、完善,使中华民族最基本的文化基因与当代文化相适应、与现代社会相协调。"①可以说,这一文件的出台对于中华优秀传统文化的传承具有重要作用。传承中华优秀传统文化是每一个中国人共同的责任,在传承过程中,必须坚持全员、全方位、全过程共同参与,将具体的各项工作落到实处、收到实效。文化的传承和发展,不仅需要丰富多样的文化活动,更需要形式积极、形象鲜明的文化产品。任何一种文化的传播、传承和发展,都离不开群众的力量,因此,必须"充分尊重工人、农民、知识分子的主

---

① 中共中央办公厅 国务院办公厅印发《关于实施中华优秀传统文化传承发展工程的意见》_中央有关文件_中国政府网[EB/OL].(2017-01-25)[2023-08-20]. https://www.gov.cn/zhengce/2017-01/25/content_5163472.htm.

第三章　中华优秀传统文化与社会主义核心价值观的内在关联

体地位，发挥领导干部的带头作用，发挥公众人物的示范作用，发挥青少年的生力军作用，发挥先进模范的表率作用，发挥非公有制经济组织和社会组织从业人员的积极作用，发挥文化志愿者、文化辅导员、文艺骨干、文化经营者的重要作用，形成人人传承中华优秀传统文化的生动局面"[①]。培育和践行社会主义核心价值观，必须从中华优秀传统文化中汲取营养，发挥优秀传统文化的独特优势，使二者服务于中国特色社会主义建设的伟大事业。

三、社会主义核心价值观与中华优秀传统文化内在关联的多重意义

社会主义核心价值观与中华优秀传统文化的内在关联不仅存在多种可能与多维必然，在这些可能与必然得到实现后，就能够看到二者内在关联所具有的多重意义。具体体现为：有利于深入挖掘中华优秀传统文化的理论资源；有利于拓展培育和践行社会主义核心价值观的实践路径；有助于人民自觉抵制错误思潮的侵蚀。

（一）有利于深入挖掘中华优秀传统文化的理论资源

中华民族的历史绵延五千多年生生不息，为中华优秀传统文化的传承提供了广阔的发展空间，新时期我们国家提出的社会主义核心价值观就是在中华优秀传统文化的沃土中繁衍成长的。社会主义核心价值观与中华优秀传统文化的内在关联，有利于深入挖掘中华优秀传统文化中所蕴含的丰富的理论资源，为丰富和发展社会主义核心价值观提供思想保障和精神动力。习近平指出："对历史文化特别是先人传承下来的价值理念和道德规范，要坚持古为今用、推陈出新，有鉴别地加以对待，有扬弃地予以继承"[②]，面对先辈留下来的宝贵思想资源，我们必须要辩证对待，鉴别有方、合理扬弃、弃其糟粕、取其精华，真正将中华传统文化的智慧宝库充分挖掘、

---

① 中共中央办公厅 国务院办公厅印发《关于实施中华优秀传统文化传承发展工程的意见》_中央有关文件_中国政府网 [EB/OL]. (2017-01-25) [2023-08-20].https://www.gov.cn/zhengce/2017-01/25/content_5163472.htm.

② 习近平. 习近平谈治国理政 [M]. 北京：外文出版社，2014：164.

有效利用。

第一，国家的繁荣稳定与中华优秀传统文化休戚相关。中华民族历来重视国家的繁荣与稳定，党和国家在致力于提升综合国力的同时，更重视精神力量的推动作用。回顾中华民族的灿烂历史不难发现，凡国之繁荣与稳定则有文化之昌盛。"汉、唐、宋、明时期是中国传统文化发展取得重要成果的时期，汉代奠定了儒家学说在传统文化中的核心地位，唐代形成了中国历史上文化大发展大繁荣的鼎盛时期，宋明两代的理学将作为传统文化主体的儒家思想的发展推进到新的阶段。"① 也正是在这漫长的历史岁月中，逐步形成了以爱国主义为主导的中华优秀传统文化。由此，我国的传统价值观开始逐渐发展，爱国主义也因此影响着中华民族的发展。爱国主义作为一种强大的民族精神，也可称之为国家稳定的精神动力，在捍卫祖国统一、发展与稳定、抵御外侮入侵、维护中华民族的利益等方面发挥积极而重要的作用。一方面，爱国主义在维护国家统一和领土完整方面发挥不可替代的作用。中华民族精神的重要内核是爱国主义，这同时也是中华传统价值观的重要内容。爱国主义最重要的表现是什么？就是热爱自己的国家、热爱优秀传统文化、维护国家统一、捍卫国家的主权和领土完整，坚决抵御一切外敌入侵。国家的统一、主权和领土的完整，是一个国家存在于世界的首要前提。社会主义核心价值观倡导的富强就是统一基础上的富强，没有国之统一，何谈国之富强？在中华优秀传统文化发展的过程中，大批思想家亦对统一提出过明确的观点，其中具有重要影响的当属"大一统"思想。"强调统一和集权的大一统思想整合了中国古代社会，造就了中国历史上的若干盛世，深刻地影响了中华民族的精神，爱国主义、崇尚统一成为中华民族的永恒追求。"② 另一方面，爱国主义培养和激发人民的报国情怀。中华民族历来重视"以和为贵"，中国人民爱好和平、向往和平。然而，列强的入侵使中华民族经历了"落后就要挨打"③ 的民族屈辱历史，爱国主义中所潜藏的报国情怀被猛烈激发，中国人民凭借顽强的毅力抵御住外敌侵略，捍卫了国家主权。同时，中国人民的报国情怀也在屈辱中愈

---

① 房广顺. 社会主义核心价值观与中华传统文化[M]. 北京：人民出版社，2015：90.
② 张鹏宇. 弘扬中华优秀传统文化培育社会主义核心价值观[J]. 人民论坛，2014（14）：166-168.
③ 习近平. 习近平谈治国理政（第四卷）[M]. 北京：外文出版社，2022：77.

第三章 中华优秀传统文化与社会主义核心价值观的内在关联

发浓烈,直至今日,爱国、报国仍是国人心中无法忘却的精神存在。在民族的奋斗历史中,中国人民依靠自强不息的精神推动实干兴邦的历史实践,改革开放仅仅四十多年的时间,我们国家已经跃居成为世界第二大经济体,创造出一个又一个奇迹,在世界话语体系中占据越来越重要的地位。

第二,社会的文明进步与中华优秀传统文化密不可分。社会的文明进步程度需要从两方面进行衡量,一是经济发展水平,二是文化体系建设。经济发展是文化建设的重要前提,文化建设是经济发展的有效推动力,二者相互作用、不可分割,有机融合于社会的发展过程中。很长一段历史时期,中国在经济和文化等方面均领先于世界其他国家,不仅是因为中国人民的聪明才智和勤恳劳动创造了经济和文化上的成就,还在于中华优秀传统文化作为道德和行为准则,明确了整个社会发展的宏观目标,进而调整了社会成员之间的关系、维护社会秩序,这对推动整个社会的文明进步起到了重要作用。"从中国传统文化中的主要流派儒家来看,从汉武帝开始,儒家经学成为主流的文化形态和意识形态,上至皇权,下至民间,经学都是维护社会稳定和发展的价值准则。"①一个民族以什么样的价值观为精神引领,就会产生相对应的实践活动。中华民族自古以来崇尚和谐,"和"文化更是贯穿中华传统文化发展始终的重要内容,"己所不欲、勿施于人"(《论语·颜渊》)、"和合之美、美美与共""求同存异"等内容都是崇尚和谐的直接体现。此外,中华优秀传统文化中所蕴含的革新精神推动了社会的文明进步。中华民族历来倡导改革创新、拒绝墨守成规,《易经》以阴阳对立为基点,提出了一系列对立范畴,由此导出了"刚柔相推而生变化"的变易思想②,这可以说是中华民族变革精神的起点。而后,道家的核心思想主张人类的创造性活动需要以尊重客观规律为前提。"'穷则变,变则通,通则久'的变革意识和'苟日新,日日新,又日新'的创新精神共同构成了中华民族发展壮大的精神基石。"③就是在这种精神的引领下,社会的文明进步程度日益提高。

第三,个人的成长发展与中华优秀传统文化紧密相连。唯物史观强调,

---

① 杨豹. 中国传统文化:社会主义核心价值体系的民族基础[J]. 理论导刊, 2010 (03): 41-43.
② 张自慧. 论社会主义核心价值观的传统文化基源[J] 思想理论教育, 2014 (10): 21-25.
③ 房广顺. 社会主义核心价值观与中华传统文化[M]. 北京: 人民出版社, 2015: 95.

73

中国传统文化融入高校思政课社会主义核心价值观教育研究

历史是由现实的、个体的人的劳动创造的。中华优秀传统文化十分重视人的价值和作用，社会主义核心价值观对个人层面的价值取向亦有规范。就个体的人来讲，如何将自析与自省、自由与自束、自觉与自信做到有机结合，对个人的成长发展极为重要，而中华优秀传统文化对个人的成长和发展具有重要影响。首先，自析与自省。即自我分析和自我反省，这是形成个人道德修养的基础。客观的自我分析和恰当的自我反省对于个人品行的提升具有重要作用，"吾日三省吾身"（《论语·学而》）、"有则改之、无则加勉"（南宋·朱熹《集注》）、"见贤思齐，见不贤而内自省也"（《论语·里仁》）、"君子博学而日三省乎己，则知明而行无过矣"（《荀子·劝学》）等观点都是在阐述自析和自省对于个人成长与发展的非凡意义。其次，自由与自束。就是说个体如何平衡自由与自我约束之间的关系。对个体来讲，没有绝对的自由，也没有绝对的束缚。中华优秀传统文化强调"没有规矩，不成方圆"就是在为个体的自由与自束作规范。当下所倡导的社会主义核心价值观，是外在的行为评价体系与潜在约束准则相统一的价值观念，能够引导人们明确什么事情应该做、什么事情不能做，帮助人们树立正确的价值观，在全社会范围内形成良好的道德氛围及和谐的环境。这种长期的、潜移默化的教育和鞭策，能够使社会主义核心价值观在大众心中扎根，久而久之，人们会自觉以社会主义核心价值观所倡导的准则作为自己的行为标尺，将自由与自束控制在合理范围内，长此以往，社会文明、和谐与进步的状况就会得到极大改观。最后，自觉与自信。这是个人发展的较高层次。社会主义核心价值观具有强大的目标引领作用，内在地包含了国家、社会和个人的奋斗目标和努力方向。作为个体来讲，如何在合理范围内，自觉实现人生价值，自信面对现实生活中遇到的种种问题，这关乎个人成长和发展的高级目标。中华优秀传统文化中对于自信大多注重强调气节，"出淤泥而不染，濯清涟而不妖"（周敦颐《爱莲说》）、"富贵不能淫、贫贱不能移、威武不能屈"（《孟子·滕文公下》）、"老骥伏枥，志在千里"（曹操《龟虽寿》）等描述是在说明气节、信心、士气的重要作用。另外，中华优秀传统文化强调人的实践思维，即学以致用，知行合一。"这种实践理性建立在个体对自身发展奋斗目标明确的基础上，通过脚踏实地的不懈努力，积极探索外部世界，进而在推动社会和民族发展进步的实践

第三章　中华优秀传统文化与社会主义核心价值观的内在关联

过程中实现自我发展目标。"①

（二）有利于拓展社会主义核心价值观的大众认同路径

社会主义核心价值观是中国特色社会主义事业的价值研判标准，研究社会主义核心价值观的传统文化底蕴问题，其实践重点还是要实现社会主义核心价值观的大众认同。社会主义核心价值观与中华优秀传统文化内在关联的重要意义就在于能够拓展社会主义核心价值观的大众认同路径。社会主义核心价值观具有鲜明的民族性，是与本国、本民族实际相结合而衍生出的价值观念。所谓民族性，就是指价值观的凝练必须与优秀的民族文化深度融合，并从中汲取营养，获取民族文化的支撑。中华民族五千年生生不息，承载着辉煌灿烂的优秀传统文化，优秀传统文化是形成中华民族凝聚力、感召力、向心力的内在依据，也是维系中华民族立于世界民族之林的情感纽带和精神支柱。只有从中华优秀传统文化中汲取营养，充分彰显中华民族特有的文化基因，社会主义核心价值观才能落地生根、才能激发社会大众对核心价值观最真挚最深切的情感共鸣，最终形成广泛的大众认同。从拓展认同路径角度来看，可以着重从以下三个方面进行探讨。

第一，立足当下，创新宣传教育方式。社会主义核心价值观能否被人民接受、认同并践行，取决于价值观内容能否说服群众、让群众信服。在实践路径的选择上必须以人民的合理诉求为导向，创新宣传形式，增强宣传教育说服力、亲切感。实现理论为群众所掌握并转化为强大的物质力量，必须使理论契合现实，并能够深刻揭示和阐释现实。推进社会主义核心价值观的大众认同要使宣传教育内容紧密契合当下现实生活，避免"假、大、空"式的宣传，突破宣传内容的表面化、简单化。一方面，开展对社会主义核心价值观的深层次宣讲。讲清楚、讲明白核心价值观提出的社会背景，凝练核心价值观的理论来源以及培育和践行社会主义核心价值观的重大现实意义等深层次的内容，使人民进一步领悟核心价值观与国家发展、社会进步、个人成长之间的密切关系。在此基础上，进一步引导人民自觉接受并认同核心价值观的价值倡导，并逐步内化于心，外化于行。另一方面，创新教育形式，增强宣传教育的亲近感。契合主体的必要形式对内容的发展至关

---

① 房广顺. 社会主义核心价值观与中华传统文化[M]. 北京：人民出版社，2015：97.

中国传统文化融入高校思政课社会主义核心价值观教育研究

重要,社会主义核心价值观的大众认同要注重创新宣传教育形式。处于大数据时代最前沿的我们,必须紧密依托大数据平台,利用新老媒体相互配合,全方位、多角度、立体化地宣传社会主义核心价值观,抢占舆论制高点,发挥社会主义核心价值观的正能量。还可以恰当利用电视剧、电影、公益广告等形式,丰富大众的精神世界,增强社会主义核心价值观与大众间的亲切感,与大众形成双向互动,实现润物细无声的宣传教育效果。

第二,结合实际,引领社会思潮正向发展。一方面,用社会主义核心价值观占领思想文化阵地,掌握意识形态工作话语权。当前,社会矛盾在一定范围内普遍存在,这也为错误社会思潮的滋生提供了土壤,它们在学术外衣的裹挟下传播、扩散极具迷惑性和煽动性的言论,给人们的思想观念造成严重干扰。"任何一个阵地,我们不去占领,敌对势力、错误思潮和一些负面的东西就会乘虚而入……只有让正面的东西去占领了,才能让负面的东西失去生存的土壤。"① 对此,我们必须牢牢掌握意识形态领域的领导权、话语权、主动权,用社会主义核心价值观占领思想文化领域的主阵地。通过组织专家学者大力开展揭露错误思潮本质的活动,深入研判错误思潮的走向,通过广泛、权威的宣传教育,帮助普通群众进一步认清错误思潮的本来面目,认清西方资本主义对我国进行文化侵蚀所造成的严重后果。应促使社会大众自觉接受社会主义核心价值观的价值引领,不断增强辨别错误思潮的能力并开展有力批判,让蕴含强大正能量的主流价值观占据思想文化阵地。另一方面,从中华优秀传统文化中汲取营养,引领社会思潮正向发展。中华优秀传统文化是维系中华民族生生不息的精神纽带,我们要善于从传统文化中汲取精髓,以博大精深的中华文化底蕴有效引领社会思潮。中华优秀传统文化与社会主义核心价值观所倡导的民本、和合、大同等思想理念所衍生出的价值追求高度契合,将这些内容所倡导的核心价值诉求发扬光大,并贯穿于社会生活的方方面面,能够有效抵御错误社会思潮的侵蚀和渗透。同时,要实现对传统文化的创造性转化与创新性发展的有机统一。摒弃传统文化中的糟粕思想,保留其中的合理成分,经过合理利用和深层改造使之成为有益于当代社会发展的新观念。要与时俱进

---

① 习近平. 之江新语[M]. 杭州:浙江人民出版社,2007:97.

第三章 中华优秀传统文化与社会主义核心价值观的内在关联

地推动传统文化的创新性发展,将传统文化与时代主题和时代特征相融合,使之融入新的时代潮流。

第三,政策护航,完善体制机制合力保障。一方面,健全制度保障机制。健全的制度保障是推进核心价值观大众认同的有效载体,只有将社会主义核心价值观融入社会制度体系中,才能确保社会主义核心价值观大众认同的扎实开展。要大力推进社会主义核心价值观大众认同的制度建设,将价值理念融入制度设计并转化为制度精神,用健全的制度确保人民认同的实现。实现社会主义核心价值观与中国特色社会主义制度的深度融合,将社会主义核心价值观的价值理念融入具体的、可操作的治国理政方针政策中,体现在法律法规的条款上,依靠强有力的制度来保障人民认同的实现。此外,还要在社会主义核心价值观的入微、入细上下功夫,将社会主义核心价值观深度融入日常的社会管理、教育培训、企事业的规章制度建设中,在各行业、各部门、各领域的制度建设中都体现社会主义核心价值观的价值理念,通过制度保障使人民群众在日常生活中时刻能够感受到社会主义核心价值观的存在,达到潜移默化的认同效果。另一方面,完善利益引导机制。社会是各种利益集合形成的利益共同体,包括国家利益、社会利益、个人利益等多重内容。社会主义核心价值观作为满足多重价值主体价值诉求的最大公约数是维系不同价值主体和谐发展的精神纽带,也是社会利益共同体的集中体现。推进社会主义核心价值观的大众认同必须激发大众的认同动力,这种动力在很大程度上源于社会主义核心价值观的价值倡导对民众基本利益诉求的满足。要依靠合理的利益引导,"建立合理的利益诉求分配机制、健全社会保障机制、完善利益矛盾调节机制,着力调节共同利益、公共利益与基本利益的相互关系,使共同利益寻求和公共利益培育及时转化为基本利益的增进,创新社会主义核心价值观接受的个体条件"[①],推动人民群众自觉主动地接受、认同社会主义核心价值观。只有完善基本的利益引导机制,使人民群众的基本利益诉求得到满足,利益矛盾得到解决,充分彰显核心价值观的利益引导功效,人民群众才会将认同行为转变为理性选择和理性行为,并依靠内在动力推动对社会主义核心价值观的自觉践

---

① 周宏. 论加强社会主义核心价值观认同机制建设[J]. 理论导刊, 2014(04): 60-63.

中国传统文化融入高校思政课社会主义核心价值观教育研究

行。此外，还要将社会主义核心价值观的内容融入不同职业、不同岗位的职业道德和职业操守中，形成持久、稳定的影响，并逐步将社会主义核心价值观固化于大众的社会实践中。还要不断探索针对社会道德行为的治理工作，找准高尚道德准则与社会大众的思想共鸣点和交汇点，以接地气的形式大力推进社会大众的道德践行活动，以此营造良好的社会氛围，积极发挥社会道德风尚对实现社会主义核心价值观大众认同的关键作用。

（三）有助于人民群众自觉抵制错误思潮的侵蚀

中华优秀传统文化历来重视"和谐"。社会主义核心价值观与中华优秀传统文化的内在关联，有利于二者在新时代进行融合并和谐共生。中华优秀传统文化是社会主义核心价值观的文化源泉，同时也是社会主义核心价值观生存的文化土壤；社会主义核心价值观是中华优秀传统文化的最新载体，同时也是中华优秀传统文化在新时期与马克思主义科学理论、中国特色社会主义理论体系等文化内容相结合的价值观念体现。正如世界上没有完全相同的事物一样，社会主义核心价值观与中华优秀传统文化亦如此，由于二者产生的时代背景、面临现实困惑以及解决的实践路径等方面均存在不同，因而人民群众的生活中常常充斥着一些错误的、严重侵蚀人民群众思想的错误思潮。由于人民群众对各种腐朽没落的错误思潮缺乏警惕性，没有认清其本质，对于历史虚无主义、新自由主义、保守主义等缺乏辨别能力，极易受其煽动和蛊惑。另外，人民群众的道德素养有待提升，无论是在公共生活领域还是个人生活领域，一些人在不同程度上表现出诚信缺失、道德滑坡、是非混淆、见利忘义等问题；个别干部沉迷于灯红酒绿、贪图享乐、权钱交易，严重损害了党在人民群众心中的形象和地位。这些拜金主义、享乐主义、极端个人主义的行为存在于社会生活之中，看似是个人行为种种，却在相当程度上影响了人民群众对主流价值的追求与向往。值得注意的是，我们在处理二者之间的关系问题时，尤其要高度警惕两种错误思潮的危害，即历史虚无主义思潮和文化保守主义思潮。

第一，历史虚无主义思潮。在近代中国，历史虚无主义是作为同"全盘西化"论相呼应而出现的一种错误思潮。持"全盘西化"论者往往对民

第三章 中华优秀传统文化与社会主义核心价值观的内在关联

族文化、历史遗产采取轻蔑、虚无的态度,表现为民族文化虚无主义。[1]简单来讲,这种思潮的错误在于,片面地认为,国外的一切都是优于中国的,无论是政治制度、文化体系还是文学哲学、艺术娱乐,甚至连最基本的衣食住行都是西方占有优势。其本质是反对以唯物史观为指导进行历史研究和历史解释,是迎合西方国家对我国的和平演变战略以及国内反社会主义势力的现实需要,以历史唯心主义为立论基础,以否定和虚无我国近现代历史为主要手段而泛起的一股反马克思主义政治思潮。[2]中国发展到新的历史时期,历史虚无主义思潮披着学术的外衣卷土重来,从诋毁新中国的伟大成就,发展到否定中国革命的历史必然性;从丑化、妖魔化中国共产党领导的革命和建设的历史,发展到贬损和否定近代中国一切进步的、革命的运动;从刻意渲染中国人的落后性,发展到否定五千年中华文明,等等。[3]凡此种种,都是历史虚无主义在新时期的直接表现。毋庸讳言,由于受到多种因素影响,我们过去长期未能科学地对待中华优秀传统文化的传承问题,致使如今不少中国人特别是新生代在传承中华优秀传统文化和中国共产党革命传统方面还是"小学生",这种不足和缺陷给一些别有用心和存在认识偏差的人鼓吹历史虚无主义以可乘之机。[4]为什么要警惕历史虚无主义?我们必须明确,历史虚无主义必然导致文化虚无主义、必然导致民族虚无主义,近几年来,历史虚无主义者打着"歌颂海洋文明"的旗帜,对中华优秀传统文化进行抹黑和贬损,认为中国人民安分守己、爱好和平是逃避现实、委曲求全、不思进取的表现;认为中华优秀传统文化是走向衰败没落的低层次文化……这些论断都是忽视历史本来,恣意抹黑的结果,而不是通过理性分析所得出的结论,不具有科学性。因此,我们必须清醒地认识到这些错误思潮的本质,坚定对中华优秀传统文化的自信、对社会

---

[1] 梁柱. 历史虚无主义思潮的泛起、特点及其主要表现 [J]. 马克思主义研究,2013(10):120-128.

[2] 潘莉,梅荣政. 历史虚无主义思潮的表现、特点及其危害 [J] 新疆师范大学学报(社会科学版),2015,36(05):24-29,2.

[3] 梁柱. 历史虚无主义思潮的泛起、特点及其主要表现 [J]. 马克思主义研究,2013(10):120-128.

[4] 钱广荣. 论弘扬社会主义核心价值观与传承中华优秀传统文化的辩证统一关系 [J]. 社会主义核心价值观研究,2016(01):21-26.

中国传统文化融入高校思政课社会主义核心价值观教育研究

主义核心价值观的理论自信。

第二，文化保守主义思潮。在当代中国的语境中，文化保守主义有广义和狭义之分。前者是指服膺传统文化价值，主张以儒家思想为基础，吸收某些外来文化，创造中国新文化的主张或思想倾向；后者则单指当代新儒家而言。① 广义的文化保守主义企图颠覆中华优秀传统文化在民族和国家发展过程中的地位，狭义的文化保守主义则期望通过儒学"复兴"连同糟粕在内的全部传统文化的内容。通俗地说，狭义的文化保守主义主张应该"以儒立制""以儒治国"，党和国家一切工作、人民的日常生活都要以传统文化为起点、为根据、为展望而进行。相对于历史虚无主义而言，无论是广义还是狭义的文化保守主义，其实质都是妄图破坏马克思主义作为主流意识形态在当代中国的指导地位，这是一种在文化领域内传播速度快、影响力巨大的错误思潮。文化保守主义者不仅在理论上宣扬其错误观点，还通过各种实践活动企图向大众灌输更多文化保守主义的内容。他们除了在学术研究层面标榜自己的主张，还在日常生活中"躬身实践"。例如，在政治哲学领域，他们提出了一套政治儒学的主张：在社会生活中，规模宏大的祭拜大典、绵延不绝的国学热无不受文化保守主义的影响；尤其在教育领域，文化保守主义者开展了从儿童读经、书院讲学到推动建立大学国学班、国学院、国学专业等多种教育活动。② 这样一种传播方式，使文化保守主义更容易侵入群众生活，看似是为群众解疑释惑，实则是以文化保守主义片面解释问题。近些年来一些盲目的儒学热、经学热、国学热、传统文化热等，在一定程度上来讲，这些将传统文化糟粕与精华混为一谈的实践活动都是文化保守主义的直接表现。

历史虚无主义和文化保守主义，这两种错误思潮的实质都是主观或客观地割裂了马克思主义与中国特色社会主义、马克思主义与中华优秀传统文化、中华优秀传统文化与中国特色社会主义之间的科学联系，更忽视了社会主义核心价值观与中华优秀传统文化的内在关联。社会主义核心价值观与中华优秀传统文化的内在关联，绝不是某一方面占绝对优势的统一，更不是一方面单纯地压倒另一方面的统一，是二者从历史追溯到现实相遇

---

① 霍晓玲. 正确认识当代中国文化保守主义思潮[J]. 探索，2012（05）：109-114.
② 霍晓玲. 正确认识当代中国文化保守主义思潮[J]. 探索，2012（05）：109-114.

第三章 中华优秀传统文化与社会主义核心价值观的内在关联

再到未来发展三个视域内的有机结合。传承中华优秀传统文化，不是完全恢复封建习俗和生活方式，更不是简单地学习一点古文、说一些"之乎者也"、讲一些民俗民风。传承中华优秀传统文化，最重要的是将优秀传统文化中沉淀下来的信仰、价值观、精华内容发扬光大，使其与马克思主义的指导思想相得益彰，共同为国家的繁荣富强服务、为社会的文明进步服务、为大众的日常生活服务。这才是传承中华优秀传统文化，探寻社会主义核心价值观的中华优秀传统文化意蕴的实质所在。从这个角度来思考，我们应当理性看待二者之间的共同点和不同点，在共同与不同之中，寻找二者内在关联的支点，探索社会主义核心价值观的中华优秀传统文化底蕴，是有其深刻的现实意义的。社会主义核心价值观与中华优秀传统文化和谐共生，才能更好地服务于中国特色社会主义事业，加快实现中华民族伟大复兴中国梦的历史进程。

中国传统文化融入高校思政课社会主义核心价值观教育研究

第四章　高校思政课社会主义核心价值观教育概述

　　高校思政课是大学生社会主义核心价值观教育的主渠道。现阶段，思政课的目标是为了巩固马克思主义在意识形态领域的指导地位，促进大学生形成积极向上的价值观念和精神信仰。从社会主义核心价值观的内容上看，高校思政课的目标与社会主义核心价值体系教育的内容基本上是一致的。2013年12月，中共中央办公厅印发《关于培育和践行社会主义核心价值观的意见》，明确要求："把培育和践行社会主义核心价值观融入国民教育全过程""创新高校思想政治理论课教育教学，推动社会主义核心价值观进教材、进课堂、进学生头脑。"[1]2020年12月，中宣部和教育部联合印发《新时代学校思想政治理论课改革创新实施方案》，再次强调"思想道德与法治"课程的目标在于帮助大学生"培育和践行社会主义核心价值观"[2]。随着教育改革的不断深入，面对复杂多变的现实挑战，高校思政课课堂也不断地改革和创新，使社会主义核心价值观有效融入高校思政课，推动大学生将社会主义核心价值观内化于心、外化于行。

---

① 中共中央办公厅.《关于培育和践行社会主义核心价值观的意见》印发_中央政府门户网站[EB/OL].（2013-12-23）[2023-08-31]. http://www.gov.cn/jrzg/2013-12-23/content_2553019.htm.
② 中共中央宣传部　教育部关于印发《新时代学校思想政治理论课改革创新实施方案的通知》中华人民共和国教育部[EB/OL].（2020-12-31）[2023-08-31]. http://www.moe.gov.cn/srcsite/A26/jcj_kcjcgh/202012/t20201231_508361.htm.

第四章　高校思政课社会主义核心价值观教育概述

一、高校思政课与大学生社会主义核心价值观教育的关系

（一）大学生社会主义核心价值观教育是高校思政课的主要内容

当前，我国高校思政课在全国统一开设的基础上，在部分院校增加了新课程。统一开设的课程包括专科生课程（2门）、本科生课程（4门）、硕士研究生课程（3门）、博士研究生课程（2门），以及"形势与政策"课，总数为10门，并对其中的3门课程作出了选择设定。另外，在我国少数民族院校及少数民族地区还开设"民族理论与民族政策"课。2019年8月14日，中共中央办公厅、国务院办公厅印发的《关于深化新时代学校思想政治理论课改革创新的若干意见》指出，全国重点马克思主义学院率先全面开设"习近平新时代中国特色社会主义思想概论"课，各高校要重点围绕习近平新时代中国特色社会主义思想，党史、新中国史、改革开放史、社会主义发展史，宪法法律，中华优秀传统文化等设定课程模块，开设系列选择性必修课程。[①] 该部分课程的开设，将课程体系的内容进一步深化、规模进一步扩大。目前，教育部已选取若干地方和高校先行开展深化新时代思政课改革创新的试点建设，正在构建、形成必修课加选修课的高校思政课课程体系。

高校思政课不仅是一门课，还是包含着相互联系的一系列课程而构成的课程群。作为课程群，其鲜明的特点不仅表现为具有一定的课程数量与规模，更重要的是这些课程之间不是简单地罗列或叠加，而从整体上表现出关联性、育人性、整合性的特点。事实上，高校思政课从设置之初即由若干门课程组合而成，但在很长一段时间内，由于缺乏相应学科的理论支撑而彼此关系松散，且处于经常变动的不稳定状态。自2005年中宣部、教育部印发《关于进一步加强和改进高等学校思想政治理论课的意见》实施方案（以下简称"05方案"）以来，在马克思主义理论一级学科的支撑下，高校思政课的课程群规模日益稳定、内涵联系更加紧密，包含的10门课程固定下来，并迈向科学化、标准化与制度化发展的轨道。高校思政课从学

---

① 中共中央办公厅　国务院办公厅印发《关于深化新时代学校思想政治理论课改革创新的若干意见》_政策_中央有关文件[EB/OL].（2019-08-14）[2023-09-01]. http:www.gov.cn/zhengce/2019-08/14/content_5421252.htm.

科的整体视域进行教育内容的架构与设计，推进课程政治性特点与理论科学性的有效融合，合理组合各门课程而形成教育合力，实现课程整体育人的教育目的。进一步分析可知，高校思政课是由党和国家进行课程的顶层设计，在马克思主义理论学科指导下，于中国特色社会主义学科体系框架内，吸收政治学、历史学、法学、社会学等多学科知识而进行理论综合、系统筹划，整合形成的一套学科课程，发挥着对大学生进行思想政治教育的重要作用和职能。

每一门学科的内容在一定意义上都与社会主义核心价值观教育的内容相契合，而思政课的根本目的是培养全面发展的高素质人才，培养德智体美劳全面发展的青年一代。社会主义核心价值观从国家、社会、个人三个层面对个人提出了具体的价值要求，与思政课的内容不谋而合。虽然各门课程各有侧重，但其思想的实质却是紧紧围绕着社会主义核心价值观的内涵进行的，从国家、社会到个人，从学习理论到实践层面都有着不同程度的侧重。高校思政课为加强意识形态领域建设，培育社会主义核心价值观，培育中国特色社会主义建设者和接班人发挥了重要作用。

（二）高校思政课是大学生社会主义核心价值观教育的主阵地

高校思政课在多年的建设与发展历程中，既不断获取党和国家的外力扶植，又不断增强自我的发展能力；既不断地积累壮大课程系统要素的数量与规模，又日益增强系统内部各要素的活力与动力；既走向与其他课程同向同行的"大思政"模式，又不断提升课程自身的发展引领力。依据党和国家在各个时期印发的指导意见与方案，总体上可将高校思政课建设的历史分为五个阶段。从新中国成立到向社会主义过渡时期，是高校思政课从确立到起步的阶段，从"肃清封建的、买办的、法西斯主义的思想"[①]，到"不断提高大学生的社会主义觉悟，培养大学生的马克思列宁主义世界观和共产主义道德品质"[②]任务目标的转变，反映了这一时期社会背景的改变。国家对大学生思想政治教育的重视程度一直未减，2004年印发的《中

---

① 教育部社会科学司. 普通高校思想政治理论课文献选编：1949-2008[M]. 北京：中国人民大学出版社，2008：6.

② 教育部社会科学司. 普通高校思想政治理论课文献选编：1949-2008[M]. 北京：中国人民大学出版社，2008：20.

第四章 高校思政课社会主义核心价值观教育概述

共中央 国务院关于进一步加强和改进大学生思想政治教育的意见》（中发〔2004〕16号）（以下称"16号文件"）指出："大学生思想政治教育工作还不够适应，存在不少薄弱环节。"①2005年印发的《中共中央宣传部教育部关于进一步加强和改进高等学校思想政治理论课的意见》（教社政〔2005〕5号）指出："高等学校思想政治教育理论课承担着对大学生进行系统的马克思主义理论教育的任务，是对大学生进行思想政治教育的主渠道。"②2012年党的十八大明确提出社会主义核心价值观的"三个倡导"。2013年中共中央办公厅印发《关于培育和践行社会主义核心价值观的意见》，强调社会主义核心价值观要"与中国特色社会主义发展要求相契合，与中华优秀传统文化和人类文明优秀成果相承接。"③2014年5月4日，习近平总书记在北京大学师生座谈会上指出，提倡和弘扬社会主义核心价值观"必须从中汲取丰富营养，否则就不会有生命力和影响力。"④2016年全国高校思想政治工作会议上习近平总书记强调："要坚持把立德树人作为中心环节，把思想政治工作贯穿教育教学全过程。"⑤2017年中共中央、国务院印发的《关于加强和改进新形势下高校思想政治工作的意见》指出，加强和改进思想政治工作"是一项重大的政治任务和战略任务"⑥。2019年3月18日，习近平总书记在北京主持召开学校思想政治理论课教师座谈会（以下简称"3·18"会议）并发表重要讲话。这是新中国成立以来，党中央首次专门针对学校具体课程举办的会

---

① 中共中央 国务院发出《关于进一步加强和改进大学生思想政治教育的意见》_中华人民共和国教育部政府门户网站 [EB/OL].（2004-10-15）[2023-08-25]. http://www.moe.gov.cn/jyb_xwfb/gzdt_gzdt/moe_1485/tnull_3939.html.

② 中共中央宣传部 教育部关于进一步加强和改进高等学校思想政治理论课的意见_中华人民共和国教育部政府门户网站 [EB/OL].（2005-02-07）[2023-08-25]. http://www.moe.gov.cn/srcsite/A13/moe_772/200502/t20050207_80415.html.

③ 关于培育和践行社会主义核心价值观的意见 [M]. 北京：人民出版社，2013：4.

④ 习近平. 习近平谈治国理政（第一卷）[M]. 北京：外文出版社，2018：170.

⑤ 习近平在全国高校思想政治工作会议上强调：把思想政治工作贯穿教育教学全过程 开创我国高等教育事业发展新局面 [N]. 人民日报，2016-12-09.

⑥ 中共中央 国务院印发《关于加强和改进新形势下高校思想政治工作的意见》[N]. 人民日报，2017-02-28.

中国传统文化融入高校思政课社会主义核心价值观教育研究

议，体现了党对学校思政课的高度重视和对思政课教师的殷切期望，为新时代高校思政课的发展建设指明了方向。习近平指出："办好思政课，最根本的是要全面贯彻党的教育方针，解决好培养什么人、怎样培养人、为谁培养人这个根本问题。"[①]2020年12月，中宣部和教育部联合印发《新时代学校思想政治理论课改革创新实施方案》，再次强调"思想道德与法治"课的目标在于帮助大学生培育和践行社会主义核心价值观。从纵向历史脉络上可以看出国家对思想政治工作的重视，高校思政课课堂是新时期社会主义核心价值观培育的主渠道，是传播马克思主义理论的主阵地。随着时代的改变，相应的思想教育目标也在微调，反映了思想政治教育工作随着时代的发展不断增添新的时代内容。随着教育体系的不断完善和教育系统的不断健全，课程评价体系也逐渐实现科学化规范化，除以成绩作为评价外，也逐渐添加了过程评价。在对现阶段高校思想政治教育工作不断肯定的过程中，也要发现内在深层次的问题，就是社会主义核心价值观教育教与学的有效性问题。

（三）大学生社会主义核心价值观教育与高校思政课具有目的一致性

社会主义核心价值观教育作为社会主义核心价值体系的核心，是社会主义意识形态的本质体现，是高校思政课的灵魂。高校思政课教学的目的不仅是为了让大学生知道和了解社会主义核心价值观，更是让大学生群体能够认同并践行社会主义核心价值观，担当起中国社会主义现代化建设的重担，做一个于国、于社会、于家有用的人，这不仅仅是建设中国特色社会主义事业的需要，也是实现中国梦的保障。

"马克思主义基本原理"（以下简称"原理"课程）是进行系统的马克思主义理论教育的课程，其重要的目的是帮助大学生坚定马克思主义理想信念，解决马克思主义信仰问题。"原理"课程是有效巩固国家主流意识形态的主干课程，大学生只有坚定马克思主义信仰，才能在价值多元、利益多样的社会中坚定信念，不致于迷失自我。"思想道德修养与法律基础"（以下简称"基础"课程）是以马克思主义为主导，对大学生进行思想道

---

① 习近平主持召开学校思想政治理论课教师座谈会强调：用新时代中国特色社会主义思想铸魂育人 贯彻党的教育方针落实立德树人根本任务[N]．人民日报，2019-03-19．

德素质教育，法律基本知识普及，以正确的世界观、人生观、价值观作为主要内容，以社会主义荣辱观贯穿整个教学过程，致力于大学生社会主义核心价值观的确立，提升自身的综合素质。"中国近代史纲要"（以下简称"纲要"课程）是以爱国为主题的，通过对近代中国历史脉络和因果关系的了解与分析，增强大学生的爱国热情，增强对社会主义核心价值观的理解和认同的厚度和深度。"毛泽东思想、邓小平理论和'三个代表'重要思想概论"（以下简称"概论"课程）的主要内容是毛泽东思想和中国特色社会主义理论，是一个兼具历史性和理论性的课程，让大学生掌握毛泽东思想、邓小平理论、"三个代表"重要思想和科学发展观，更好地把握基本国情、党情和世情，了解社会发展方向，用理论武装头脑，解决生活中遇到的价值判断与选择的问题。

此外，高校思政课还呈现了新时代新变化的特点：设置"马克思主义基本原理概论"替代"05方案"的"马克思主义基本原理"、设置"马克思恩格斯列宁经典著作选读"替代"05方案"的"马克思主义经典著作选读"；从本科生思政课学分中划出2个学分、专科生思政课学分中划出1个学分，用以开展思政课实践教学；2019年，全国部分重点马克思主义学院率先全面开设"习近平新时代中国特色社会主义思想概论"课。各高校重点围绕习近平新时代中国特色社会主义思想，党史、新中国史、改革开放史、社会主义发展史，宪法法律，中华优秀传统文化等设定课程模块，开设系列选择性必修课程，形成必修课加选修课的课程体系；2020年"习近平新时代中国特色社会主义思想概论"课在试点地方全面启动，在试点学校全面开课。

现阶段，思政课从某种意义上来说，就是社会主义核心价值观教育。课程作为社会主义核心价值观教育的土壤和载体，为社会主义核心价值观的传播和树立提供了阵地，是大学生提升自身道德素养、培养马克思主义世界观、人生观、价值观的重要途径。

二、社会主义核心价值观在高校思政课理论中的价值意蕴

（一）社会主义核心价值观是思政课理论的引领

思政课是一门集思想性、政治性、理论性为一体的课程，它主要培养大学生的世界观、人生观、价值观。思想的明确性、政治的坚定性和理论的正确性是关键。首先，思政课的思想性体现。中国共产党自成立以来就以马克思主义为指导，一切革命和建设的成功都是在坚持马克思主义信仰的前提下得以实现和坚持。新时代，明确的思想引领仍然而且更加具有决定国家命运的作用和意义。这是指导思想明确的重要性，也是高校思政课一定要把握和体现的根本。其次，思政课的政治性体现。政治性是生命线。一个民族、国家在某一时代最重要、最进步的特性均体现在政治性上。政治与人的发展历史告诉我们，在社会历史发展中，政治的自觉性促进着人的发展。政治主要借助先进的政治思想、合理的政治制度和进步的政治组织来对人的发展进行引导、保障、带动和塑造。所以说，把握政治、紧跟政治、与政治融为一体，形成浓厚的政治意识和为政治贡献的精神就是最与时俱进、最先进、最进步、最文明的体现。我们培育青年大学生引领社会风尚，实际就是武装和培育他们坚定的政治立场、敏锐的政治思维、及时正确的政治作为。最后，要把握好思政课的立足点，即理论的正确性。理论的正确性可以让青年学生更加有知识，明辨是非善恶和正确的价值取向。总之，思政课的思想明确性、政治的坚定性和理论的正确性，是思政课最重要的特性，也是其立足的根本，将三者融为一体才能更好地发挥思政课的功能。历史告诉我们，一个民族、国家需要提倡和坚持的思想、政治、理论都一定是建立在某个时空内，被民族全体成员共同认可的价值追求基础上才能得以实现。

（二）社会主义核心价值观是思政课理论的精髓

精髓比喻事物最重要、最核心的部分，而对某一理论体系而言，指的是能使这一理论得以形成和发展，并贯穿其始终，同时又体现在这一理论体系各个基本观点中的最本质的东西。① 从这个逻辑上说，社会主义核价

---

① 包仕国. 科学发展观对中国特色社会主义理论体系的重大发展[J]. 湖北省社会主义学院学报，2010（04）：71-73.

第四章 高校思政课社会主义核心价值观教育概述

值观就是决定思政课理论体系的形成,贯穿其始终,蕴含在每一个基本理论中的"命脉"部分。在"基础"课程的绪论中,明确了新时代大学生的时代使命,进行了时代观教育,而时代观的核心部分便是社会主义核心价值观所倡导的时代主题问题。第一章中的"马克思主义人生观和价值观",正是社会主义核心价值观提倡的以集体主义为原则和立场的理论;第二章关于人生理想信念的理论,是社会主义核心价值观的方向与性质的坚定与发扬;第三章关于中国精神的理论是社会主义核心价值观所提倡的精神支撑与源泉部分;第五章关于社会主义道德观与第六章的社会主义法治观是社会主义核心价值观在个人行为上的践行部分。邢云文指出,社会主义核心价值观在整个教材框架中的统领地位和本章在全书各章中承上启下的重要作用。[①] 余一凡指出,思想道德与法治课程作为高校思政课教育教学的起点。[②] 张彦指出,思想道德与法治课应当以一种全面系统的"大一统"视角对社会主义核心价值观进行整体性导入,发挥对其他思政课价值观教学的开篇挈领作用。[③] 由此可以明确,在"基础"课程中社会主义核心价值观的价值蕴含分布于课程的始终,是课程的灵魂。总之,社会主义核心价值观的先进性、人民性、真实性统领着课程的时代观、人生观、价值观、道德观和法治观。我国社会主义核心价值观代表着现代人类社会价值观的制高点。我们已经进入了中国特色社会主义新时代,新时代意味着崭新、意味着进步、意味着最新的发展进程,也引导着人民更加有活力、更加奋进的步伐,这既是时代的需要也是我们追求的价值核心。社会主义核心价值观的人民性刚好契合我们所追求的人生观、价值观,它是"基础"课程关于人的本质在于其社会性、人的意义和价值,也在于其社会性理论的凝练。社会主义核心价值观的真实性使得道德和法治更加真实、可靠、具有践行

---

① 邢云文. 帮助当代大学生树立正确的价值观——思想道德与法治(2021年版)第四章修订解读与教学建议[J]. 思想教育研究,2021(09):120-123.

② 余一凡. "思想道德与法治"课人生观部分重难点解析[J]. 思想教育研究,2021(08):114-119.

③ 张彦. 高校思政课"社会主义核心价值观"教学的内蕴与发展——基于对2015年版、2018年版、2021年版《思想道德与法治》教材的分析[J]. 高校马克思主义理论教育研究,2021(06):89-96.

中国传统文化融入高校思政课社会主义核心价值观教育研究

性和唯物性。只有中国特色社会主义制度才能够为社会主义核心价值观的真正实现提供根本的制度前提和有力保障,自由、平等、公正等价值观不是摆设,而是要真切、具体、广泛地解决人民问题,让优越的、先进的思想和价值观得以实现,从而深入人心。

(三) 社会主义核心价值观是思政课理论的实现

高校思政课主要通过对系列理论和道理等的讲述和渗透对大学生进行教育和培育,从而使大学生形成正确的世界观、人生观、价值观。然而思政课所教授的理论,多为抽象原理、原则,这些抽象的理论一定要通过具体的概念阐释才能更好地被大学生掌握、理解和内化为他们自身的观念,乃至进一步成为他们的行动指南和行为指导。因此,找到能够阐释原理的具体概念尤为关键。在人类历史进程中,每个社会的核心价值观都有其形成、发展和发挥历史作用的过程。习近平总书记指出:"核心价值观的养成绝非一日之功,要坚持由易到难、由近及远,努力把核心价值观的要求变成日常的行为准则,进而形成自觉奉行的信念理念。"[①] 核心价值观有其形成、发展和发挥作用的具体过程,它主要是通过大部分人的践行而被认可的,有着强大、坚定的实践和现实基础,如果没有成功践行并且获得肯定,也就成为不了核心价值观。所以说,核心价值观其实就是某个核心理论在实践过程中被认可、被践行的抽象理论与实践结合而达到知行合一,是理论正确性和践行性的验证。理论具有超越现实的特点,而核心价值观是人的行为达到某种程度后,被人发现和总结的、被绝大多数人认可的肯定存在,从这个意义上说,核心价值观使理论变成实践,这也是社会主义核心价值观进入高校思想政治教育体系,实现课程理论的具体化、实践化和立体化的过程。对此中宣部和教育部有着明确的阐述:"社会主义核心价值观进思想政治理论课教材的目标是以统编教材为基础,建设思想性、科学性和可读性统一的思想政治理论课立体化教材体系。"[②] 在现实中,通过全体人民践行的社会主义核心价值观的"大德"行为更加明确地证明了我们开设

---

① 习近平. 习近平谈治国理政[M]. 北京:外文出版社,2014:174.
② 中央宣传部,教育部. 中央宣传部 教育部关于印发《普通高校思想政治理论课建设体系创新计划》的通知[EB/OL]. (2015-08-11)[2023-08-30]. http://www.moe.gov.cn/srcsite/A13/moe_772/201508/t20150811_199379.html.

第四章 高校思政课社会主义核心价值观教育概述

系列理论课程的必要性与紧迫性。反之，如果核心价值观没有什么现实功能被看到、被认识到，那么以它为引领和铸就的课程理论也就没有多大的威力和生命力，也就体现不出理论的强大性，理论也只会停留在理论层面，成为抽象、空洞的泛泛之谈。不难发现，理论要内化为大学生的内心信仰、内在价值观、内涵性的精神内容，一定是理论通过途径、手段等满足了大学生的某种需要，让大学生自觉认可它的内涵，并愿意接受和践行。这无非就是要让大学生实实在在看到、认识到、领会到社会主义核心价值观的功能和意义。在党中央高度重视和提倡下，社会主义核心价值观有计划、有步骤地进入高校思政课程体系。2013年12月，中共中央办公厅印发《关于培育和践行社会主义核心价值观的意见》，明确要求"创新高校思想政治理论课教育教学，推动社会主义核心价值观进教材、进课堂、进学生头脑"①。2020年12月，中宣部和教育部联合印发《新时代学校思想政治理论课改革创新实施方案》，再次强调"基础"课程的目标在于帮助大学生培育和践行社会主义核心价值观。从现实来看，社会主义核心价值观明确引入思政课后，效果显著。一方面大学生对思政课的认识和态度有了明显的变化，另一方面大学生的精神面貌、文明行为都得到了显著的改善。大学生的核心价值观意识变得越发明晰和稳定，对于国家繁荣昌盛无比期盼和自豪。绝大部分大学生觉得社会主义民主是科学的、真正的民主，对西方的"普世价值"有着很明确的认识，对中华文明和文化有着强烈的自信，对于不爱国、违背社会公德的行为极其鄙视，个人诚实守信等文明程度显著提升。不难发现，这些方面的显著提高与深入培育和践行社会主义核心价值观有着直接密切的关系。之后再进行思政课相关理论教育，大学生则能入耳、入心、入脑，转变思政课在学生心目中沉默、枯燥、无用的印象，使得思政课更加具体化、实践化。总之，思政课的抽象理论可以通过讲述和理解社会主义核心价值观的具体历史过程、历史作用等成为具体的存在，从而实现课程理论从抽象到具体，从理论到实践，实现知行合一的教育目标。

---

① 中共中央办公厅.《关于培育和践行社会主义核心价值观的意见》[EB/OL].（2013-12-23）[2023-09-04].http://www.moe.gov.cn/jrzg/2013-12/23/content_2553019.htm.

中国传统文化融入高校思政课社会主义核心价值观教育研究

三、高校思政课社会主义核心价值观教育的战略意义

习近平总书记在"3·18"会议上提出"推动思政课建设内涵式发展"的科学论断,并指出,办好思想政治理论课,最根本的是要全面贯彻党的教育方针,解决好培养什么人、怎样培养人、为谁培养人这个根本问题。办好思政课,"事关意识形态工作大局,事关中国特色社会主义事业后继有人,事关实现中华民族伟大复兴的中国梦,必须始终摆在突出位置,持之以恒、常抓不懈"①"思政课建设只能加强、不能削弱"②。高校思政课社会主义核心价值观教育,不论是对社会主义意识形态大局的稳固、对培养什么人、怎样培养人、为谁培养人根本问题的解决,还是课程本身的发展取向,都具有重要的现实意义。

(一)关乎社会主义意识形态大局的稳固

高校思政课的社会主义核心价值观教育坚持以马克思主义理论为指导,并将之作为具体的教育内容而进行大力传播,致力提升理论教育的针对性与实效性,有利于捍卫高校的主流意识形态阵地,并不断提升中国特色社会主义话语体系的解释力和传播力。一方面,社会主义主流意识形态在新时代面临各种各样的风险和挑战,如马克思主义指导思想面临多样化社会思潮的挑战,社会主义核心价值观面临市场逐利性的挑战,传统教育引导方式面临网络新媒体的挑战,培养社会主义事业建设者和接班人面临敌对势力渗透争夺的挑战等。高校思政课的社会主义核心价值观教育坚持以马克思主义为指导,将马克思主义活学活用,集中性地针对大学生进行马克思主义的理论教育与思想武装。理论创新决定了意识形态的活力,理论武装决定了意识形态工作的能力。③在课程建设发展中,应紧抓课堂教学的基

---

① 中央宣传部 教育部关于印发《普通高校思想政治理论课建设体系创新计划》的通知_中华人民共和国教育部政府门户网站[EB/OL].(2015-08-11)[2023-08-30].http://www.moe.gov.cn/srcsite/A13/moe_772/201508/t20150811_199379.html.

② 中共中央办公厅 国务院办公厅印发《关于深化新时代学校思想政治理论课改革创新的若干意见》_滚动新闻_中国政府网[EB/OL].(2019-08-14)[2023-08-30]. https://www.gov.cn/xinwen/2019-08/14/content_5421252. htm.

③ 侯惠勤. 意识形态的历史转型及其当代挑战[J]. 马克思主义研究,2013(12):5-13,33,161.

第四章 高校思政课社会主义核心价值观教育概述

础环节作为理论教育和思想武装的主渠道，在课堂上主动同错误思潮作斗争，通过横纵的比较，大力揭露"中国威胁论""中国崩溃论""共产主义渺茫论""共产主义过时论"等意识形态偏见和历史短见，摒弃"外国的月亮比中国圆"的发展不自信，理直气壮地讲好、讲透中国特色社会主义的必然性、特殊性和科学性，帮助学生在比较中全面认识当代中国、客观看待外部世界，坚定"四个自信"，坚信社会主义"风景这边独好"。

另一方面，高校思政课是专注主流意识形态的理论发展、话语传播和思想传导的实践活动。在意识形态领域诸多建设环节和渠道中，高校思政课的特殊性在于，它通过稳定的科研与教学形式，集主流思想与理论的发展创新和教育传播于一身，针对专门的人群进行思想政治教育，继而波浪式地扩展推广至社会其他范围，推进主流意识形态理论研究、思想传导、话语传播的有机统一，是彰显我国意识形态内涵与特色的重要途径。高校思政课其目的是促成大学生的思想成熟、理性发展和集体的精神成长，坚定决心、矢志不渝地听党话、跟党走，并为日后能够立足工作岗位、投身社会主义现代化建设打下坚实的思想基础。同时，大学生通过系统的理论学习与内化，将社会主义核心价值观等国家主流思想内容一代代、一层层地推广到更为广泛的群体和社会成员中，发挥对全社会思想发展的榜样引领作用，有效巩固国家主流意识形态的安全与稳定。随着我国高校思政课建设格局的扩大和发展视野的拓展，该领域内的国际学术交流、人员访问、留学生教育愈加频繁，著作译介更加丰富，可在国际的思想文化交流中进一步实现我国意识形态的话语表达与思想传播。

（二）关切"培养什么人、怎样培养人、为谁培养人"根本问题的解决

高校思政课内涵式发展应坚持以立德树人为根本任务，始终围绕学生、关注学生、关心学生，关切着"培养人"的根本问题。"培养什么人、怎样培养人、为谁培养人"是教育的根本问题。从"培养什么人"的问题上看，高校思政课是培养担当民族复兴大任的时代新人、德智体美劳全面发展的社会主义建设者和接班人；从"为谁培养人"的问题上看，高校思政课是为党育人、为国育才。在厘清以上两大问题的基础上，最重要的是落实到"如何培养人"的实践策略上来。高校培养的人才必须具备较高的科学文化素

中国传统文化融入高校思政课社会主义核心价值观教育研究

质和思想道德素质,是又红又专的人。在德智体美劳的人才素质要求中,以德为首,这就决定高校要扎实推进立德树人的工作安排,扎扎实实培养全面发展的时代新人,高校思政课的作用就至关重要。

高校思政课社会主义核心价值观教育将重心聚焦到大学生的思想引导和塑造上来,关系到大学生思想政治理论素养和水平。大学生在高校所接受的教育影响和熏陶,将会对其一生的发展产生至关重要的影响。此时储备的知识理论、思维方式和价值原则,决定着他日面对人生选择、职业发展、社会问题和国家大事时,将以怎样的态度、方法和行动去面对、看待与解决,即决定着其将是一个"什么人"的问题。高校思政课是塑造思想、塑造灵魂、塑造生命的课程,对大学生的世界观、人生观、价值观产生直接的作用和影响。思政课教师是先进思想文化的传播者、党执政的坚定支持者,是大学生健康成长的指导者和引路人,在课程教育中潜在地为大学生心灵埋下真善美的种子,扣好人生的第一粒扣子;通过课程的思想引导、价值教育、情感熏陶和行为指导,引导大学生立志成才、服务社会、报效祖国,争做社会主义的建设者和接班人,勇做时代的奋斗者和追梦人。

四、高校思政课社会主义核心价值观教育教学发展

以下对高校思政课社会主义核心价值观教育教学发展的阐述是基于对2015年版、2018年版、2021年版"思想道德与法治"教材[①]的分析。"思想道德与法治"教材历经2015年、2018年、2021年三次修订,对社会主义核心价值观的呈现方式和叙述逻辑作出重要调整,其"四观四块"的趋势愈发明朗,呈现出理论表达更加透彻、知识传授更加系统、价值引领更加鲜明、呈现形式更加多样的修订特点和发展走向。在2021年版教材使用过程中,笔者建议将教材的展开逻辑转化成教学的实践形式,把社会主义核心价值观的科学内涵讲全面、把社会主义核心价值观的价值导向讲立体、依据教材内容善用多种教学方法,打造既生动又深刻的思政课堂。

---

① 2006—2018年的教材名为"思想道德修养与法律基础",2021年教材更名为"思想道德与法治",为方便讨论,以下统称为"思想道德与法治"。

第四章 高校思政课社会主义核心价值观教育概述

（一）社会主义核心价值观在教材中的呈现方式和叙述逻辑

自"05方案"出台以来，"思想道德与法治"教材已历经九次修订，它们分别是2006年版、2007年版、2008年版、2009年版、2010年版、2013年版、2015年版、2018年版、2021年版。有学者指出，2006年版至2015年版"思想道德与法治"教材基本遵循"四观三块"的宏观框架[①]。所谓"四观"指的是2005年《中共中央宣传部 教育部关于进一步加强和改进高等学校思想政治理论课的意见》（以下简称《意见》）规定的马克思主义人生观、价值观、道德观和法制观。在《意见》的指导下，2006年首版"思想道德与法治"教材编写组精准把握课程目标及其内容逻辑，将"思想道德与法治"教材主体部分划分为"思想""道德""法律"三大模块，分别对应人生观和价值观教育、道德观教育、法制观教育[②]，奠定了"思想道德与法治"教材"四观三块"宏观框架的传统。此后，从2006年版至2015年版教材基本沿袭了这一基本布局。总体上看，"四观三块"遵循育人育才的基本规律，将人生观和价值观有机融合，体现出思想教育先行、道德与法治教育继后的逻辑特点，构建起一个以理想信念为核心，以爱国主义为重点，以正确的人生目的、端正的人生态度、科学的人生价值标准与评价为基本内容的人生观、价值观教育体系[③]，旨在提升大学生的思想道德修养和法律素质。值得注意的是，在"四观三块"的编写框架下，价值观内容承接于人生观内容之后，与人生观共同融于"人生价值"的标准、评价和实现之中。总体来说，价值观篇幅较少、论述单一，这成为"四观"教育中的一个内容短板。

2015年以来，"思想道德与法治"教材修订取得了重要进展。在章节布局上，2015年版教材有意更加彰显社会主义核心价值观在教材中的逻辑

[①] 张会芸，冯晓玲. 高校"思想道德修养与法律基础"课教材发展研究（2006—2018）[J]. 思想政治教育研究，2019，35（06）：68-73.

[②] 吴潜涛. 关于《思想道德修养与法律基础》教材的解读[J]. 清华大学学报（哲学社会科学版），2006（S2）：56-58，124.

[③] 吴潜涛. 高校思想政治理论课课程改革的新成果——"思想道德修养和法律基础课"新教材解读[J]. 中国高等教，2006（Z2）：11-12.

主线地位[①]，将 2013 年版教材中绪论第二节第三目"培育和践行社会主义核心价值观"升格为第三节的节题，实现了从目到节的跨越。2018 年版教材则直接新增"践行社会主义核心价值观"一章，向前承接第三章"弘扬中国精神"，向后指向第五章"明大德守公德严私德"以及第六章"尊法学法守法用法"，形成了人生选择—理想信念—精神状态—价值理念—道德觉悟—法治素养的章节布局和逻辑主线[②]。2021 年版教材在沿袭旧版教材章节安排的基础上，进一步将章节标题变更为"明确价值要求践行价值准则"，并新增"价值观与社会主义核心价值观"的条目，以更多的笔墨呈现价值观、社会主义核心价值观的基本范畴、内涵与特征，使得价值观章节的理论性和现实性更为突出，社会主义核心价值观在整个教材框架中的统领地位和该章在全书各章中承上启下的重要作用得到充分体现。[③]至此，我们可以说 2021 年版"思想道德与法治"教材突破了传统"四观三块"的章节结构，思想模块可以被进一步细分为人生观模块和价值模块，"四观四块"的逻辑主线趋势愈发明朗。"价值模块"的增加是"四观"对应"四块"的逻辑应然和培养时代新人的现实必然。以 2015 年版教材为分界线，社会主义核心价值观的理论阐释、现实旨趣、实践倡导全面展开，"价值观"作为独立的内容模块得以逐步呈现（如表 4-1 所示）。

表4-1　2015年、2018年、2021年版教材"四观四块"章节布局

	思想模块		道德观-道德观模块	法治观-法治观模块
	人生观-人生观模块	价值观-价值观模块		
2015年版	绪论 第三节 培育和践行社会主义核心价值观（价值观） 第一章 追求远大理想 坚定崇高信念 第二章 弘扬中国精神 共筑精神家园 第三章 领悟人生真谛 创造人生价值（人生观＋价值观）		第四章 注重道德传承 加强道德实践 第五章 遵守道德规范 锤炼高尚品质	第六章 学习宪法法律 建设法治体系 第七章 树立法治观念 尊重法律权威

---

① 吴潜涛. 把握好教材修订内容 有效实现教材体系向教学体系转化[J]. 思想理论教育导刊, 2015（10）: 15-18.

② 本教材修订组, 沈壮海. 《思想道德修养与法律基础》（2018 年版）修订说明[J]. 思想理论教育导刊, 2018（05）: 22-27.

③ 邢云文. 帮助当代大学生树立正确的价值观——《思想道德与法治（2021 年版）》第四章修订解读与教学建议[J]. 思想教育研究, 2021（09）: 120-123.

第四章 高校思政课社会主义核心价值观教育概述

续表

	思想模块		道德观-道德观模块	法治观-法治观模块
	人生观-人生观模块	价值观-价值观模块		
2018年版	第一章 人生的青春之问 第二章 坚定理想信念 第三章 弘扬中国精神	第四章 践行社会主义核心价值观	第五章 明大德守公德严私德	第六章 尊法学法守法用法
2021年版	第一章 领悟人生真谛 把我人生方向 第二章 追求远大理想 坚定崇高信念 第三章 继承优良传统 弘扬中国精神	第四章 明确价值要求 践行价值准则	第五章 遵守道德规范 锤炼道德品格	第六章 学习法治思想 提升法治素养

在明确"四观四块"总体章节布局的基础上,厘清2015年版、2018年版、2021年版"思想道德与法治"教材中价值模块的内容变化及其展开逻辑,是用好教材、帮助大学生培育和践行社会主义核心价值观的基础和前提。

具体来说,2015年版教材将社会主义核心价值观的相关内容放置于绪论"珍惜大学生活开拓新的境界"第三节"培育和践行社会主义核心价值观"中,在这一节中又设"社会主义核心价值观的基本内容"和"培育和践行社会主义核心价值观的重大意义"两目,集中论述了社会主义核心价值观的价值定位、基本内容、与社会主义核心价值观体系的关系、对国家社会和大学生的意义这四方面的内容。

2018年版教材对原有内容做了大量的补充和论证,并将其整合归于第四章"践行社会主义核心价值观"第一节"全体人民共同的价值追求"中,在此基础上,新增第二节"坚定价值观自信"、第三节"做社会主义核心价值观的积极践行者"。2018年版教材的三个小节从社会主义核心价值观的基本内容及其重要意义出发,进一步探讨价值观自信问题,最后落脚于大学生如何践行和弘扬社会主义核心价值观的问题,整体呈现是什么(内涵底蕴)—为什么(价值意义)—怎么做(培育践行)的编写逻辑。

2021年版教材在沿袭旧版教材章节安排的基础上又作出了大量修订,尤其是依据习近平总书记关于社会主义核心价值观的重要论述,进一步展开了对社会主义核心价值观核心要义的具体阐述,对社会主义核心价值观体现了社会主义意识形态的本质要求、体现了社会主义制度在思想精神层面的质的规定性,具有先进性、人民性、真实性等内容以更多的笔墨予以呈现,增加了社会主义核心价值观入法入规的相关内容,对西方"普世价值"的实质与危害等进行了深入剖析。① 首先，教材开篇增加了价值、价值观、核心价值观、社会主义核心价值观等系列概念的基本界定，在此基础上介绍了社会主义核心价值观的基本内容，使之入题更加自然。其次，教材移除了文化自信的相关内容，不再将社会主义核心价值观的意义论证收束于价值观自信。再次，教材新设第二节"社会主义核心价值观的显著特征"，在吸收旧版教材第二节中部分内容的基础上，从人类历史、人民立场（新增条目）、中西对比三个维度论述了社会主义核心价值观的先进性、人民性和真实性特征。最后，教材保留了第三节"怎么做"的内容，将第二目标题更新为习近平总书记关于"落细落小落实"的最新表述。总体上看，2021年版教材在价值模块方面的编写同样遵循是什么—为什么—怎么做的基本图式，但在展开逻辑上又有所调整：对"是什么"做了基础性补充；对"为什么"的论证思路做了丰富性修订，旧版以社会主义核心价值观的历史底蕴、现实基础、道义力量说明坚定价值观自信的必要性，新版则以社会主义核心价值观为论证主体和目的，揭示其显著特征进而直接说明价值观优势；对"怎么做"部分未作原则性修订。三版教材相关内容变化如表4-2所示。

表4-2 2015年版、2018年版、2021年版教材在"社会主义核心价值观"篇章的内容变化

2015年版	2018年版	2021年版
绪论 珍惜大学生活 开拓新的境界 第三节 培育和践行社会主义核心价值观 一、社会主义核心价值观的基本内容 二、培育和践行社会主义核心价值观的重大意义	第四章 践行社会主义核心价值观 第一节 全体人民共同的价值追求 一、社会主义核心价值观的基本内容 二、当代中国发展进步的精神指引 第二节 坚定价值观自信 一、社会主义核心价值观的历史底蕴 二、社会主义核心价值观的现实基础 三、社会主义核心价值观的道义力量 第三节 做社会主义核心价值观的积极践行者 一、扣好人生的扣子 二、勤学修德 明辨笃实	第四章 明确价值要求 践行价值准则 第一节 全体人民共同的价值追求 一、价值观和社会主义核心价值观 二、社会主义核心价值观的基本内容 三、当代中国发展进步的精神指引 第二节 社会主义核心价值观的显著特征 一、反映人类社会发展进步的价值理念 二、彰显人民至上的价值立场 三、因真实可信而具有强大的道义力量 第三节 积极践行社会主义核心价值观 一、扣好人生的扣子 二、把社会主义核心价值观落细落小落实

---

① 沈壮海，本教材编写组. 《思想道德与法治（2021年版）》修订说明和教学建议[J]. 思想理论教育导刊，2021（09）：23-26.

第四章　高校思政课社会主义核心价值观教育概述

（二）社会主义核心价值观在新教材中的修订特点和发展趋势

2019年，习近平总书记在学校思政课教师座谈会上提出了思政课"守正创新"的要求，强调"思政课建设长期以来形成的一系列规律性认识和成功经验，为思政课建设守正创新提供了重要基础"①。"思想道德与法治"教材中"社会主义核心价值观"篇章的三次修订坚持守正创新，既充分尊重过去多次修订过程中形成的历史经验，又回应了当下的理论诉求和现实需要，在内容编写和形式表现上都体现新时代新发展阶段的变化趋势，把握这些特点和趋势对于高质量用好新版教材，提升思政课教学水平和育人效果具有重要的意义。

第一，理论表达更加透彻。马克思曾说："理论只要说服人 [ad hominem]，就能掌握群众；而理论只要彻底，就能说服人 [adhominem]。"②思政课教材是否具有说服力，能否推动社会主义核心价值观深入人心，关键在于教材理论表达是否具有透彻性，能否用真理的强大力量引导学生。教材不是一本"答案书"，不能只摆结论不讲论证，不能只灌输不解释。一本教材的生命力表现于文本与读者之间强烈的理论交流感，在于激发教育对象的精神共鸣。在2015年版教材中，社会主义核心价值观还只是一种概观式的观点呈现，这种单纯抽象的理论阐释容易使学生产生一种距离感。但在之后的两个版本中，社会主义核心价值观的理论图景得到了完整而深入的描绘。以2021年版教材为例，在解读核心价值观基本内涵的基础上，教材充实了习近平总书记关于核心价值观的重要论述，即"核心价值观，其实就是一种德，既是个人的德，也是一种大德，就是国家的德、社会的德"③，深入阐明"核心价值观是一个国家的重要稳定器，能否构建具有强大感召力的核心价值观，关系社会和谐稳定，关系国家长治久安。世界上各种文化之争，本质上是价值观念之争"④，做到了由表及里、由我及他、由浅及深、由抽象到具体，进一步增强了理论表达的思想性、透彻性和可

---

① 习近平. 思政课是落实立德树人根本任务的关键课程[M]. 北京：人民出版社，2020：9.
② 中共中央马克思恩格斯列宁斯大林著作编译局. 马克思恩格斯文集（第一卷）[M]. 北京：人民出版社，2009：11.
③ 习近平. 习近平谈治国理政（第一卷）[M]. 北京：外文出版社，2018：168.
④ 思想道德与法治（2021年版）[M]. 北京：高等教育出版社，2021：102.

读性。在这种多样立体、准确有力的理论引导下,大学生的学习便带有一种理论探索感和价值建构性。从这个意义上说,理论透彻性是社会主义核心价值观篇章的总体性优势。

第二,知识传授更加系统。知识性与价值性是思政课教学的"两翼","知识是载体,价值是目的,要寓价值观引导于知识传授之中。"[①] 如果没有坚实的知识性基础,理论无法说服人,价值无法深入人心。教材中对社会主义核心价值观的知识性表述是大学生深刻领会社会主义核心价值观基本内容和重要意义和自觉践行社会主义核心价值观的文本基础。从 2015 年版教材的小节到 2018 年版和 2021 年版的独立章节,社会主义核心价值观的相关内容不断增加,脉络更加清晰,知识结构愈发成熟,表达体系更趋成型。如果说 2015 年版教材停留于对社会主义核心价值观基本内容和价值意义的"粗糙"介绍,那么 2018 年版教材就是对社会主义核心价值观的全面扩写,教材补充了社会主义核心价值观的传统文化根基、中国特色社会主义建设的实践基础、先进性、人民性和真实性的道义力量以及实践路向等内容,使得社会主义核心价值观的知识性表达体系初具雏形。而 2021 年版教材则是对这一表述体系的整体"润色",不仅对社会主义核心价值观的 12 个范畴都作具体阐释,重构了社会主义核心价值观意义的编写逻辑,用一种更加聚焦价值观本体的视角书写价值意义,增强表达的系统性。

第三,价值引领更加鲜明。如果说教材对社会主义核心价值观的三次修订在话语表达上愈发系统化,体现为一种外扩性的知识性表达,那么在价值引领上则更加具有针对性和聚焦性,呈现一种内敛性的价值性表达。这种价值引领在新版教材中有两种基本面向,其一是社会主义的本质属性更加突出,其二是人民至上的价值立场更加明确。2021 年版教材重点说明了社会主义核心价值观的社会主义底色。社会主义核心价值观不是放之四海皆准的普世价值,而是生成于中国特色社会主义建设历史,体现中国特色社会主义制度优势,反映社会主义本质规定的价值表达。与此同时,教材突出说明了社会主义核心价值观的人民性这一根本特性,强调社会主义核心价值观"尊重人民群众历史主体地位""体现以人民为中心的价值导

---

① 习近平. 思政课是落实立德树人根本任务的关键课程 [M]. 北京:人民出版社,2020:19.

第四章　高校思政课社会主义核心价值观教育概述

向"[1]。社会主义核心价值观不是弥散于虚假话术和空头承诺的抽象理念，而是直接投射于经济建设、政治建设、文化建设、社会建设、生态文明建设的总体布局之上，落足于想民之所想，忧民之所忧，急民之所急，应民之所需的现实行动之中。社会主义属性和人民至上立场这两种价值被内隐于旧版教材的叙事之中，在2021年版教材中通过历史溯源、现实表征和中西比较的方式直接呈现出来，使社会主义核心价值观的价值引领性更加明确，这是新版教材的突出变化和课堂教学应当重点关注的问题。

　　第四，呈现形式更加多样。内容与形式是教材编写和使用过程中应当关注的一对经典范畴，优秀的教材是优质内容和生动形式的统一体。在过去的思政课教材编写中，编写组已经意识到了版面设计比较生硬，没有做到图文并茂的问题[2]，但囿于理论表达的精准性和表现形式的生动性之间的紧张张力，编写组始终处于"改与不改"的思想矛盾之中。2021年版"思想道德与法治"教材在编排中加入了"拓展""图说""明辨"以及相应的插图、名言和二维码，这是思政课教材编写形式的一次重要试点改革。就社会主义核心价值观这一章节而言，这些新的表现形式提升了教材的可读性，在价值理解、价值鉴别和价值认同方面有着重要的"增色"作用。这些新的表述形式也为课堂教学提供了一种思路借鉴和案例模型。如何最大程度地利用好这一创新变革，并将其转化为教学优势和教育实效，这是在具体教学实践中值得思考的问题。

---

[1] 思想道德与法治（2021年版）[M]. 北京：高等教育出版社，2021：120.
[2] 陈占安. 改革开放以来高校思想政治理论课教材建设的回顾与展望[J]. 思想理论教育导刊，2018（10）：4-8.

第五章　中国传统文化融入高校思政课社会主义核心价值观教育的理论基础

中国传统文化融入高校思政课社会主义核心价值观教育并不是简单的知识传授过程。教育者应将其视为一项系统工程，全面地构建中国传统文化融入高校思政课社会主义核心价值观教育的实施路径。中国传统文化融入高校思政课社会主义核心价值观教育必须要有科学扎实的理论基础支撑，否则容易流于表面或误入歧途。以科学的理论作指导是确保中国传统文化融入高校思政课社会主义核心价值观教育取得实效的关键。本章从比较"过去时"逻辑层面分析马克思主义基本原理、中国传统价值观、其他教育理论对中国传统文化融入高校思政课社会主义核心价值观教育研究的启示。

一、马克思主义基本原理

马克思主义基本原理是中国传统文化融入高校思政课社会主义核心价值观教育的逻辑起点。马克思主义基本原理包含认识论、实践论和方法论。马克思主义认识论告诉我们，应当怎样认识世界、解释世界、理解世界并形成科学的世界观；马克思主义实践论告诉我们，应当怎样正确投身世界、适应世界、改造世界并形成正确的实践观；马克思主义方法论告诉我们，应当怎样将世界观和实践观正确运用到具体的事物上，从而形成正确的方法论。

第五章 中国传统文化融入高校思政课社会主义核心价值观教育的理论基础

（一）马克思主义认识论提供了科学的世界观

1. 马克思主义认识论的科学内涵

马克思主义认识论本质上是唯物主义认识论，它批判唯心主义的主观性和唯心主义将认识建立在人的感觉和心灵基础之上的观点。① 马克思主义认识论的唯物主义不同于旧唯物主义，因为旧唯物主义区分主观和客观，将主体和客体完全对立起来，这种做法显然是不科学的，而马克思主义认识论是在克服了旧唯物主义机械性的基础上发展起来的科学认识论。马克思主义认识论深刻揭露了在认识过程中人是认识的主体，但同时人具有社会性、能动性和实践性，认识主体都是在一定社会历史条件下开展认识活动的，而认识客体是认识主体通过理论认知和社会实践活动相结合后所认识的对象。马克思主义认识论指出，认识过程不是一蹴而就的，也不是机械单向的，而是一个发现矛盾、解决矛盾、辩证发展的过程。

马克思主义认识论最根本的原理之一是社会存在与社会意识的辩证关系，它科学地回答了社会历史观的基本问题，揭示了唯物史观的实质。马克思主义认识论强调：社会存在是第一性的，社会意识是第二性的；不是人们的意识决定人们的存在，相反，是人们的社会存在决定人们的意识。② 一切以往的社会意识，都是当时社会经济状况的产物。社会存在主要是指人们物质生活的生产方式，生产方式制约着整个社会生活、政治生活和精神生活。物质生活生产方式的发展变化是社会发展变化的根本原因。法律的、政治的、宗教的、艺术的或哲学的，简言之，意识形态的形式在社会变革中起着很大的作用，但它们不是社会变革的决定性原因，对社会变革起作用的是社会的生产方式。意识、思想、观念从产生起就是直接与人们的物质生活、物质交往以及现实生活交织在一起的。

2. 马克思主义认识论对中国传统文化融入高校思政课社会主义核心价值观教育的启示

启示一：中国传统文化融入高校思政课社会主义核心价值观教育必须坚持理论和实践相结合。

---

① 陈万柏，张耀灿. 思想政治教育学原理[M]. 北京：高等教育出版社，2007：26.
② 教育部社会科学研究与思想政治工作司. 马克思主义经典著作选读导读[M]. 北京：人民出版社，2001：82.

103

马克思主义认识论为中国传统文化融入高校思政课社会主义核心价值观教育研究提供了正确的指导思想和科学的方法体系。按照马克思主义认识论的观点，认识客体是认识主体通过理论认知和社会实践活动相结合后所认识的对象。开展大学生社会主义核心价值观教育，认识的主体是大学生，认识的客体是社会主义核心价值观。大学生作为认识主体，要始终坚持以马克思主义认识论为指导，坚持理论与实践相结合：一方面通过理论课程加深对社会主义核心价值观的理解，一方面通过实践课程促使知行合一。同时，社会主义核心价值观的形成过程是感性认识和理性认识相互融合并且充满矛盾的辩证过程，大学生必须以马克思主义认识论为指导才能正确地分析矛盾和处理矛盾，并且通过社会实践把社会主义核心价值观内化为自身价值观。

启示二：中国传统文化融入高校思政课社会主义核心价值观教育必须关注校园文化建设。

社会主义核心价值观属于意识的范畴。开展核心价值观教育，按照社会存在决定社会意识的原理，社会存在是一个很核心的要素，我们必须高度重视大学生所处的现实生活环境，以环境为切入点加强教育。大学生对知识的接受过程，不是人的大脑对现实环境的机械反映，而是个体认知结构与现实环境客观刺激之间相互作用和相互影响下不断建构的过程。这里的现实环境客观刺激，即外部环境直接或间接的影响，它是大学生有效学习的基础和前提。中国传统文化融入高校思政课社会主义核心价值观教育需要营造积极有效的利于大学生认知结构优化的外在环境。大学生在大学校园中成长，积极向上的校园文化是开展社会主义核心价值观教育的基础。校园文化犹如香薰剂，潜移默化地对大学生进行熏陶和渲染。校园文化包括物质文化、制度文化和精神文化。在中国传统文化融入高校思政课社会主义核心价值观教育中，把校园文化作为隐性课程是必不可少的一部分。

第五章 中国传统文化融入高校思政课社会主义核心价值观教育的理论基础

(二) 马克思主义实践论指明了体验途径

1. 马克思主义实践论的科学内涵

实践是马克思主义的基本观点。马克思指出:"全部社会生活在本质上是实践的。"① 马克思主义运用科学的实践观,通过对旧唯物主义在人与环境的关系、社会的本质、宗教的本质、人的本质等重大历史观问题不彻底性的分析,深刻地说明:导致旧唯物主义不彻底性,并最终导致唯心史观的根源,就是它不了解社会实践的意义。② 如果不懂得社会实践的意义,就无法正确理解社会生活的本质和发展规律。包括费尔巴哈在内的旧唯物主义者,就是由于缺乏科学的实践观,离开社会实践去观察和了解社会生活,因此不仅不能科学地说明社会生活的本质,最终陷入唯心史观。19世纪70年代到20世纪初,在德国、奥地利和欧洲其他国家流行着一种唯心主义哲学思潮。由于它的一位代表是奥地利物理学家和哲学家马赫,故称马赫主义,同时因为另一位代表、德国哲学家阿芬那留斯著有《纯粹的经验批判》一书,又称经验批判主义。③ 马赫主义认为纯粹的经验(声、色、味等感觉)是构成世界的基本要素,它既是心理的,又是物理的,因此认为以经验为中心的哲学超越了唯物主义和唯心主义的对立,成为最先进的哲学。马赫认为实践作为生活的领域,与科学认识不相干,在实际生活中人们可以相信外部的客观存在,而在理论研究中则不能。他把实践排除在认识论之外。列宁批判了马赫主义的实践观,强调了马克思主义认识论实践观的科学性。唯物主义认识论必然要承认和主张实践标准,并把实践标准作为基础。认识论的唯物主义与认识论的实践观点是一致的,如果抛开实践而仅限于理论思辨来解决主客观问题,就必然会走向唯心主义;而把实践的观点和实践的标准引入认识论,用它来沟通主观和客观,解决判断认识是否是真理的问题,就必然会走向唯物主义。实践是认识的来源,实践是认识的动力,

---

① 中共中央马克思恩格斯列宁斯大林著作编译局. 马克思恩格斯选集(第一卷)[M]. 北京:人民出版社,2012:135.

② 教育部社会科学研究与思想政治工作司. 马克思主义经典著作选读导读[M]. 北京:人民出版社,2001:96.

③ 教育部社会科学研究与思想政治工作司. 马克思主义经典著作选读导读[M]. 北京:人民出版社,2001:134.

中国传统文化融入高校思政课社会主义核心价值观教育研究

"实践是检验真理的唯一标准"①。认识活动和实践活动是主体和客体相互作用的两个侧面,是对立统一的关系,在认识和实践的相互关系中,实践是认识的基础,对认识起决定作用。②

2. 马克思主义实践论对中国传统文化融入高校思政课社会主义核心价值观教育的启示

马克思主义实践论为中国传统文化融入高校思政课社会主义核心价值观教育提供了体验路径。社会主义核心价值观的学习与专业性学科知识的学习不同,专业性学科知识的学习关注学科的知识和技能,大学生对知识的学习和积累是智力方面和认知层面的,主要发生在符号化的表层结构,大学生更多地学会了知识体系中的相关概念以及命题之间的关系,很少对大学生的价值理念产生作用。然而,核心价值观的学习,需要将核心价值观的知识体系与大学生所在的生活世界相贯通,更多地发挥大学生的主观能动性,通过实践体验,到达该知识体系最深层的意义世界。因此,中国传统文化融入高校思政课社会主义核心价值观教育一定要设置实践体验环节,让大学生在实践中体验、选择、形成和巩固。从实践到认识再到实践,如此循环往复,又使每一循环的内容逐级递进到高一级的程度。这在某种意义上遵循了从德知到德行再到德性的价值观生成规律。如果关于社会主义核心价值观的学习仅停留在知识表层结构(如符号表面),可以预见的是它几乎不会对大学生的德性养成产生深远的影响。核心价值观的学习更强调解决观念层面或认识层面的问题,这就使实践课程变得更加重要。基于此,实践课程是社会主义核心价值观课程设计必不可少的一个环节。

(三)马克思主义方法论确立了根本方法

1. 马克思主义方法论的科学内涵

马克思主义方法论中唯物辩证法是基本的逻辑思维方法,包括两大总特征、三大基本规律。两大总特征包含联系的观点与发展的观点。三大基本规律指的是对立统一规律、质量互变规律和否定之否定规律。

---

① 邓小平. 邓小平文选(第三卷)[M]. 北京:人民出版社,1993:28.
② 教育部社会科学研究与思想政治工作司. 马克思主义经典著作选读导读[M]. 北京:人民出版社,2001:49.

第五章 中国传统文化融入高校思政课社会主义核心价值观教育的理论基础

恩格斯指出："当我们深思熟虑地考察自然界、人类历史或我们的精神活动的时候，首先呈现在我们眼前的是一幅由种种联系和相互作用无穷无尽地交织起来的画面。"[①] 所有事物都是以直接或者间接的方式相互联系起来的，这是普遍而客观的事实，世界上没有孤立存在的事物，这是一切事物的客观本性。除了要认识到事物具有普遍联系的本质特点以外，我们还需要认识到事物都处于运动状态，因此都具有发展的特点。客观事物普遍联系和科学发展的重要表现就在于它的系统性，客观事物相互作用是以系统的形式存在的，系统具有整体性、层次性、开放性等特点。教育者需要从事物具有普遍联系的角度来开展教育，也需要从推动事物科学发展的角度来完善教育。

对立统一规律揭示了事物联系的根本内容和发展的源泉与动力，提供了人们认识世界的根本方法——矛盾分析法。对立统一规律认为，事物才是自我运动、自我发展的，正因为这样，内因是决定事物发展的根本原因。把这一原则贯彻到方法论上，就是要坚持内因分析法。内因分析法则告诉我们：事物发展的根本源泉是内因，事物发展的根本动力也是内因，虽然事物发展的原因多种多样，但是我们一定要认清内因的根本作用。当然，在认识到内因的根本作用的同时，也不能忽视外因的作用。应当充分发掘外因，把外因转化为促进事物发展的良好环境和辅助，坚决抵制忽视外因作用的错误思想。质量互变规律论证了量变和质变的相互关系，前者是后者的必要准备，后者是前者的必然结果。事物发展的方向和道路则早已被否定之否定规律揭示了。辩证唯物主义指出：事物的辩证发展要经过两次否定，出现三个阶段，即"肯定—否定—否定之否定"[②]。这种过程，从内容上看是一种自己发展自己、自己完善自己的过程；从形式上看是旋转上升或曲线前进，总体的方向是前进上升的，实际的道路是迂回曲折的，是前进性和曲折性的辩证统一。

马克思主义方法论强调理论对于实践的指导作用。"没有革命的理论，

[①] 中共中央马克思恩格斯列宁斯大林著作编译局. 马克思恩格斯全集（第十九卷）[M]. 北京：人民出版社，1963：219.

[②] 教育部社会科学研究与思想政治工作司. 马克思主义经典著作选读导读[M]. 北京：人民出版社，2001：78.

中国传统文化融入高校思政课社会主义核心价值观教育研究

就不会有革命的运动。"① 按照唯物主义认识论的基本原理,革命的理论产生于革命的实践,没有革命的实践(运动),也就没有革命的理论。辩证唯物主义也坚持认为:革命的理论一经形成,就不是消极的、被动的、无所作为的,而是对革命的实践具有指导意义。这虽然属于理论对于实践的反作用,但这个作用,即理论所带来的结果,则带有根本性。因为只有理论是正确的,行动才是正确的;理论上如果是错误的,行动必然也是错误的。在错误理论的指导下,不可能产生正确的行动或运动。理论教育法必须以马克思主义灌输理论为依据。

2. 马克思主义方法论对中国传统文化融入高校思政课社会主义核心价值观教育的启示

(1)中国传统文化融入高校思政课社会主义核心价值观教育要注重系统性

马克思主义方法论的两大总特征,即联系的观点与发展的观点,对中国传统文化融入高校思政课社会主义核心价值观教育的启示就是:中国传统文化融入高校思政课社会主义核心价值观教育要注重系统性。世界上的万事万物无不是以系统的形式存在着、发展着。中国传统文化融入高校思政课社会主义核心价值观教育也是一个系统。它不是先在的,而是生成的;它不是封闭的,而是开放的;它不是固定的,而是发展的;它不是平面的,而是立体的;它不是静态的,而是动态的。②课程内容与外部的社会系统和条件之间存在着联系;课程内部诸要素之间存在着联系;课程实施过程中各具体因素及其各因素间存在着联系。因此,中国传统文化融入高校思政课社会主义核心价值观教育要充分考虑系统的整体性、层次性、开放性,从系统总体出发,在系统与要素、要素与要素、系统与环境的相互作用中解释与处理研究对象的特质和规律。

---

① 中共中央马克思恩格斯列宁斯大林著作编译局. 列宁全集(第二卷)[M]. 北京:人民出版社,2013:445.
② 李蕊. 弘扬社会主义核心价值观需厘清的基本理论问题[J]. 社会主义研究,2016(03):50-55.

第五章　中国传统文化融入高校思政课社会主义核心价值观教育的理论基础

（2）中国传统文化融入高校思政课社会主义核心价值观教育要借鉴三大基本规律

中国传统文化融入高校思政课社会主义核心价值观教育要借鉴三大基本规律。矛盾分析法指出，内因是事物发展的根本源泉和动力，因此，中国传统文化融入高校思政课社会主义核心价值观教育要充分考虑情感的因素，设置情境教学，让受教育者对社会主义核心价值观产生情感共鸣，因为情感是内在的东西。根据质量互变规律，学生价值观的转变必然要经历量变向质变转变的过程，也就是说，大学生必须通过不断的理论学习和社会实践，在理论和实践的交融渗透下，逐步由理论自在走向行动自觉。中国传统文化融入高校思政课社会主义核心价值观教育要设置多种课程形式、多个课程模块，以促进大学生价值观从量变到质变。根据否定之否定规律，事物发展是前进性和曲折性的统一，事物的发展过程不是一蹴而就的，因此，在社会主义核心价值观教育实践过程中，我们必须认识到：困难和曲折是常态，一蹴而就和一帆风顺是罕见的。要保持对事物发展过程中各种可能性的洞察力，不断开辟前进的道路。

（3）中国传统文化融入高校思政课社会主义核心价值观教育要注重理论教育

众所周知，理论教育的重要性是不言而喻的。一方面，对于大学生而言，社会主义核心价值观不可能不学而知，不教而会，必须通过各种形式的灌输，才能在他们的头脑中扎下根来。另一方面，无论何时何地，大学生的实践活动总是受一定思想、理论所支配。正确的理论能够指导大学生以正确的方式认识世界、改造世界；错误的理论则支配大学生以错误的方式参加社会活动。因此，社会主义核心价值观教育必须重视对大学生的理论教育，也就是说，要高度重视思想政治理论课的作用，充分发挥思政课课堂的主渠道作用，加强对大学生的理论教育。

二、马克思主义相关理论

优秀传统文化融入社会主义核心价值观教育对于大学生个体、国家和社会发展均具有重要价值。在实践中,中华优秀传统文化融入大学生社会主义核心价值观教育需要科学的理论作为指导,明晰育人的基本规律,掌握科学的育人方法。马克思主义经典作家关于人的本质、人的全面发展、人的主体性需要的相关论述,是传统文化融入大学生社会主义核心价值观教育的理论前提和重要基础。唯有尊重大学生群体的个性心理,以立德树人为主要宗旨,在育人过程中充分发挥学生的主体性作用,才能更有助于发挥传统文化对大学生社会主义核心价值观教育的多元价值。

(一)马克思主义需要理论

1. 马克思主义需要理论的基本内容

首先,人的存在决定了人的需要,人的需要是人存在的本质。人性具有三重生命的存在,即人是自然存在物,人是社会存在物和人是自由的、有意识的活动存在物。人在自然界的需要不同于人在社会中的需要,最大的不同在于,人在社会中的需要是通过思维产生的,反映了人的社会性,是一种理性的表现;人在自然界的需要更多的是生理和本能的表现。人不仅是一个自然存在的人,而且是一个具有社会属性的人,所以人也会有需要,这也是人类生命本质的体现。其次,人的需要有层次性和社会性。这也反映在马斯洛的层次需求理论中,即人们对不同层次的存在、享有和成长的需求。这三个层次与人类生存和发展的自然存在、社会存在和自由有意识的存在三个阶段相适应。马克思主义对需求的考量是在不断前进着的人类发展历程中进行的,是以发展辩证的眼光对待人的需要变化的过程。最后,需要具有发展性。人的需求不是一成不变的,而是一个根据不同环境而变化的过程。"已经得到满足的第一个需要本身、满足需要的活动和已经获得的为满足需要而用的工具又引起新的需要,而这种新的需要的产生是第一个历史活动。"[①] 人的需要和社会发展是相互影响、相互促进的,人类发

---

① 中共中央马克思恩格斯列宁斯大林著作编译局. 马克思恩格斯选集(第一卷)[M]. 北京:人民出版社,2012:159.

第五章 中国传统文化融入高校思政课社会主义核心价值观教育的理论基础

展的全过程也是需求与环境相互作用的结果。

2. 马克思主义需要理论对中国传统文化融入高校思政课社会主义核心价值观教育的启示

马克思主义认为,"价值"的概念源于人与能够满足自身需要的外部事物的关系。大学生对价值观的选择和接受是根据自己的需要来决定的,价值观的选择和形成也是基于需要,如果没有对外物的需要,其对价值与价值观的追求也就无从谈起。社会主义核心价值观不仅包括国家、社会和个人不同层次的不同价值取向,而且是对不同层次和需要的自身要求和回应。因此,在大学生社会主义核心价值观教育中,以大学生的需要为第一教育标准,教育内容要根据不同环境、不同时代背景下的大学生的不同需要,结合大学生的实际需要,真正做到教育"对症下药":根据不同需求开展差异化、个性化的教育;通过引导教育的方式,满足和进一步发展大学生的需求,最终实现学生个体需求与核心价值观要求相一致的目标。同时,在教育中注重对大学生需要的满足是实现其将社会主义核心价值观真正融会于内心,体现在行为的重要因素,"因需施教"也是实现教育过程事半功倍的高效路径。

(二)马克思主义人的本质理论

马克思指出:"人的本质不是单个人所固有的抽象物,在其现实性上,它是一切社会关系的总和。"[①] 马克思在其著作中明确人是社会的完整存在,其本质在于劳动。在全面系统地认识马克思主义理论后,我们可以发现,人的本质理论在马克思主义理论中占有极其重要的地位。对人的本质的探索实际上是哲学和思想领域的一个重要问题,马克思从人类感性实践的角度对人类思想史作出重大贡献,他第一次详细阐述了人的本质,并在此基础上构建了一套唯物史观和实践观。马克思对人的本质的理解极大地促进了人类认知理论的发展,深刻揭示了培育大学生社会主义核心价值观的重要性和必要性,更新和完善了培养理念,为推进培养创新和改革提供了切实的理论指导。任何一种培育理论都应该提升对人的全面认识,才能更好

---

① 中共中央马克思恩格斯列宁斯大林著作编译局. 马克思恩格斯选集(第一卷)[M]. 北京:人民出版社,2012:139.

111

中国传统文化融入高校思政课社会主义核心价值观教育研究

地服务于实践。值得一提的是，大学生社会主义核心价值观的培育还必须注重人的因素，由于大学生是培养活动的对象，培养活动的整体目的是保证大学生的健康成长，因此，要想确保培养活动的效果，首先必须从马克思主义理论中关于人的本质理论着手展开深度分析。

首先，社会主义核心价值观教育有效地促进了人的实践本质的发展。作为行为实践的主体，人可以独立理性地思考，可以用想象去创造。面对具有主体性的独立的人，我们更应注重师生教学活动的紧密结合。培育活动不仅是对人的被动培育，而且有助于学生积极构建正确的价值体系。从大学生作为思想政治教育客体的角度来看，大学生核心价值观教育是促进大学生全面发展的重要过程；从大学生作为思想政治教育的主体来看，大学生不仅要被动地接受教育，而且要积极地参与到主动构建中。因此，大学生社会主义核心价值观教育具有双重性，其核心目的是确保大学生顺利实现自我建构，大学生的实践能力也将随之逐步提高。

其次，社会主义核心价值观教育能够促进人的社会本质的发展。人的发展不仅包括自身的发展，还包括社会关系的发展，这是由人的社会性决定的。为了促进人的社会本质的发展，教育者应以发展人的社会关系为培养目标，拓宽视野。大学生最终会走出大学，面向社会，所以应该积极引导他们思维意识的转变，使他们在毕业后能够尽快融入社会，特别是帮助他们提高人际交往能力，促进他们学习最基本的人际交往模式，正确处理同学之间的各种矛盾、与父母的沟通等问题，因为社会关系的存在源自人与人之间的一系列交往活动，这种动态的交往活动不但促进了社会关系的产生，同时也对社会关系的主体——人进行了塑造。

最后，社会主义核心价值观教育有利于促进人的个性本质发展，有促进作用。每个人都有多种属性，其中，自然性、社会性、精神性等几种关系之间有着密切的关系，这些关系共同构成了人的精神框架，反映了人的各方面素质。人本身是一个不可切割的整体，当然也无法被重新塑造。对于人的培育，我们应该高度重视人的精神发展，这也是人的自由而全面发展的关键。在现代社会，随着科学技术的飞速发展和物质水平的显著提高，我们现在的教育更多的是注重硬件水平的发展，比如教育条件的改善，很大程度上忽视了对学生精神层面的培养，这也可以说是现阶段我国教育的

第五章　中国传统文化融入高校思政课社会主义核心价值观教育的理论基础

主要弊端。要更好地解决这一问题，必须重视大学生精神层面的培养。就根本意义而言，对人的培养实际上是以培养其精神境界与精神生活能力为主。近年来，我国高校逐步加大对大学生人文素质的培养，着力提高大学生的精神素质，虽然取得了一些成绩，但仍有许多方面有待改进。

（三）马克思主义人的全面发展理论

1. 马克思主义人的全面发展理论的基本内容

人的全面发展理论是马克思主义理论的主要内容之一，也是马克思主义关于人的解放理论的核心内容。马克思曾经指出，人的全面发展是一个全面的、多角度的完整的人最终实现了对个人实质的占有。人的存在不是一个抽象的概念或片面的物体，而是一个复杂的、具体的甚至是多方面的个体；每个人的存在都与外部世界有关，反映在它与各种社会关系的联系中；它既是主体又是客体，既有一般性，又有特殊性，这表明人的存在具有多重含义。

人的全面发展是个体存在的理想状态，包含多方面的内容，如人的劳动、处事能力、社交关系以及性格自由等的全方位发展。自由发展既是人的本质属性的体现，也是实现全面协调的基本前提，还是人类发展的最高境界。第一，人和动物最大的区别在于劳动。劳动给人类生活带来许多变化和惊喜，人们可以通过劳动得到他们想要的东西，甚至可以改变世界。第二，能力是改变整体的最重要因素。例如，人类的智力、道德和其他潜在能力都是以基本能力为基础的，因此，能力起非常重要的作用。第三，我们身处一个需要与他人沟通的社会，与他人建立良好的社会关系有助于个人在社会中更好地发展，因此，人的社会关系的全面发展也是一个重要方面。第四，"个性"是我们经常谈论的一个词，一般来说，个体的特性一般体现在个人道德、情感、气质、爱好等多方面，所有这些因素共同构成了一个人个性的全面发展，这也是一个人全面发展的最高目标和基本内涵。第五，全面发展的人是社会上每个人的希望，它不仅仅是一个抽象的词，而是实实在在能看到、能摸到的有血有肉的个体，不是某一类或某一阶层，是一个普遍存在的人。全面发展的各个方面都不可能独立推进，它们是一个不可分割的相互作用和影响的整体。

中国传统文化融入高校思政课社会主义核心价值观教育研究

（2）人的全面发展理论对中国传统文化融入高校思政课社会主义核心价值观教育的启示

马克思主义指出，未来社会形态的基本原则是个人的自由而全面发展。党的十八大提出的"三个倡导"，是新时期人的全面发展理论的又一种方式的全新表述。人的自由而全面发展是社会主义核心价值观的核心，是大学生社会主义核心价值观教育的最终目标。人的全面发展理论为大学生社会主义核心价值观教育提供了指导作用。在马克思主义关于人的全面发展理论的指引下，大学生社会主义核心价值观教育使大学生进一步认识到建设社会主义现代化强国的目标，坚定共同的价值观和信念，凝聚社会共识，全面提高素质，实现人的全面发展，提高思想水平，增强爱国主义意识、民族荣誉感和社会责任感。要实现大学生的自由而全面发展，必须结合人的全面发展理论，坚持以人为本，积极探索中国传统文化融入高校思政课社会主义核心价值观教育的策略和路径。

三、中华传统价值观

社会主义核心价值观与中华传统社会价值观具有割不断的渊源关系。我们不应该像历史虚无主义者那样，采用割断历史联系的极端方法对核心价值观进行彻底重建，应以唯物史观为思想武器，批判地借鉴中华传统价值观，以期对中国传统文化融入高校社会主义核心价值观教育有所助益。

（一）以儒家为主流的核心价值观

1. 仁——儒家思想的核心

（1）"仁"的基本含义就是爱人

樊迟问仁。子曰："爱人。"（《论语·颜渊》）子贡曰："有博施于民而能济众，何如？可谓仁乎？"子曰："何事于仁？必也圣乎！尧舜其犹病诸。夫仁者，己欲立而立人，己欲达而达人。能近取譬，可谓仁之方也已。"（《论语·雍也》）仁者不一定要像圣人一样能够博施于众，但一定要能够推己及人，设身处地为他人着想，在自己有什么需求的时候也要想到别人是否也有这样的需求。

仲公问仁，子曰："出门如见大宾，使民如承大祭。己所不欲，勿施

第五章 中国传统文化融入高校思政课社会主义核心价值观教育的理论基础

于人。在邦无怨,在家无怨。"(《论语·颜渊》)"己所不欲,勿施于人"是一种忠恕之道,就是要我们在生活中要推己及人,为别人着想,自己不愿意做的事也就不要要求别人去做,且无论在哪里做何事都不要怨天尤人。

(2)"仁"是生活中的行为规范

颜渊问"仁"。子曰:"克己复礼为仁。一日克己复礼,天下归仁焉。为仁由己,而由人乎哉?"颜渊曰:"请问其目?"子曰:"非礼勿视,非礼勿听,非礼勿言,非礼勿动。"颜渊曰:"回虽不敏,请事斯语矣。"(《论语·颜渊》)仁就是克服自己的私欲,让自己的行为复归到礼上,且不合乎礼法的不去看、听、说和做。

司马牛问仁。子曰:"仁者,其言也讱。"曰:"其言也讱,斯谓之仁已矣?"子曰:"为之难,言之得无讱乎?"(《论语·里仁》)君子要"讷于言而敏于行"(《论语·里仁》)。君子仁者要话语谨慎,行动敏捷。

子曰:"刚、毅、木、讷,近仁。"(《论语·子路》)一个人只有具有坚韧不拔的精神、见义勇为的勇气、注重实际的品质,而且不巧言令色、虚伪浮夸,那么他就离"仁"不远了。

(3)"仁"是人与人之间和谐相处的道德准则

子张问仁于孔子。孔子曰:"能行五者于天下为仁矣。"请问之。曰:"恭、宽、信、敏、惠。恭则不侮,宽则得众,信则人任焉,敏则有功,惠则足以使人。"(《论语·阳货》)仁者是恭敬庄重、宽厚待人、诚实守信、行动敏捷、施行恩惠的人。这些描写的都是人与人之间和谐相处的道德准则。

樊迟问仁。子曰:"居处恭,执事敬,与人忠。虽之夷狄,不可弃也。"(《论语·颜渊》)仁者还是在家恭敬有礼,办事严肃认真,待人忠心诚意。就算是到了夷狄之地也不能背弃。

2. 和——社会关系的价值期许

孔子曰:"礼之用,和为贵。先王之道,斯为美,小大由之。有所不行,知和而和,不以礼节之,亦不可行也。"(《论语·学而》)礼的运用以和谐为贵,但是和谐不用礼来节制也是不行的,和也是要在一定的规则之内才能够行得通。

"喜怒哀乐之未发,谓之中,发而皆中节,谓之和。中也者,天下之

115

大本也；和也者，天下之达道也。致中和，天地位焉，万物育焉。"（《礼记·中庸》）心中有喜怒哀乐不表现出来称为"中"，表现出来了但有所节制被称作"和"。"中"是稳定天下的根本，"和"是为人处世之道。

儒家认为人与人之间的"和"就是"父慈，子孝，兄良，弟悌，夫义，妇听，长惠，幼顺，君仁，臣忠"（《礼记·礼运》），这样社会才可以稳定存在和发展。"这种和谐表现在家庭中为父慈子孝、夫唱妇随、兄良弟悌；表现在家庭外则为君仁臣忠、朋友有信、长幼有序；若将其进一步推广还可表现为国家民族之间的和谐。"①

3. 义——国家发展的价值取向

"仁者人也，亲亲为大；义者宜也，尊贤为大。亲亲之杀，尊贤之等，礼所生也。"（《礼记·中庸》）孟子曰："仁，人心也；义，人路也，舍其路而弗由，放其心而不知求，哀哉。"（《孟子·告子上》）"仁"是人的本质，"义"是人所必由之路。孟子继承了孔子"仁"的思想，提出"仁义"的理念，认为："人之所以异于禽兽者几希；庶民去之，君子存之。舜明于庶物，察于人伦，由仁义行，非行仁义也。"（《孟子·离娄下》）人区别于禽兽的地方很少，但是平常的人丢弃了它，君子却保存了他。

孟子还强调重义轻利："生，亦我所欲也，义，亦我所欲也。二者不可得兼，舍生而取义者也。"（《孟子·告子上》）孟子见梁惠王。王曰："叟不远千里而来，亦将有利于吾国乎？"孟子对曰："王何必曰利，亦有仁义而已矣。王曰：何以利吾国？大夫曰：何以利吾家？士庶人曰：何以利吾身？上下交征利，而国危矣。万乘之国弑其君者，必千乘之家；千乘之国弑其君者，必百乘之家。万取千焉，千取百焉，不为不多矣。苟为后义而先利，不夺不厌。未有仁而遗其亲者也，未有义而后其君者也。王亦曰仁义而已矣，何必曰利？"（《孟子·梁惠王上》）孟子从反面阐述求利之害，人的欲望是没有止境的，每个人互相争取利益，先利后义，那国家就危险了。所以仁者必爱其亲，义者必急其君，统治者追求仁义而没有求利的心，老百姓就会仿效，君主也就会受到百姓的拥戴，社会也才能稳定。

---

① 杨明，张伟，郑奕. 社会主义核心价值体系论纲[M]. 南京：南京大学出版社，2013：31.

第五章　中国传统文化融入高校思政课社会主义核心价值观教育的理论基础

4. 诚——个人修身的价值准则

诚信首先是做人的基本道德准则。子曰："人而无信，不知其可也。大车无輗，小车无軏，其何以行之哉？"（《论语·为政》）诚信是做人的根本，一个不讲信用的人，就像没有轮子的车不能正常行走。孔子也将诚信作为交友的重要标准，孔子曰："益者三友，损者三友。友直，友谅，友多闻，益矣；友便辟，友善柔，友便佞，损矣。"（《论语·季氏篇》）正直、诚信、博学的朋友才是有益的。同样，诚信也是治理国家的重要原则。子贡问政，孔子曰："足食，足兵，民信之矣。"（《论语·颜渊》）"自古皆有死，民无信不立。"（《论语·颜渊》）统治者只有对人民诚信，才能得到百姓的拥护和支持，这样国家的兵源和粮食也会充足。孔子重视诚信，但并没有将它看成一成不变的教条，他主张："信近于义，言可复也。恭近于礼，远耻辱也。因不失其亲，亦可宗也。"（《论语·学而》）也就是说讲诚信也要具体问题具体分析，讲信用要符合于"义"和"礼"，符合于"义"的话才能实行，才有价值。

（二）其他学派所体现的核心价值观

1. 道家：无为而治、道法自然的自由价值观

"我无为而民自化，我好静而民自正，我无事而民自富，我无欲而民自朴。"（《道德经》）老子提倡以无为的原则来治理天下，并劝诫统治者要顺应自然和天道，不违背自然规律，也不强迫人民去做不想做的事，统治者做到无为、好静、无事、无欲后老百姓就能自化、自正、自富、自朴，社会也自然纯朴安居享乐，人各得其所，物各得其理。所谓无为并不是无所作为，而是遵照自然客观规律，不随意干涉民众的行为和生活。"圣人无常心，以百姓心为心。"（《道德经》）所以"圣人处无为之事，行不言之教。万物作焉而不为始，生而不有，为而不恃，功成而弗居。夫唯弗居，是以不去"（《道德经》）。因此圣人用"无为"的理念对待万物，用不言的方式施行教化，听任万物自然兴起与衰落，在其中会有所作为，但不加自己的情感主观倾向，只要顺势而为，无为而治，就能"使天下各得其正"。

道法自然是道家价值观的核心，这一价值观不仅是人与自然、与他人、与自身的处事方法，还是在顺应自然中追求自由的精神状态。老子认为，

117

中国传统文化融入高校思政课社会主义核心价值观教育研究

道为万物之宗,它无形无名无状态,却能化生万物,是所有事物运动变化的根源。"道法自然"就是要遵循客观世界发展的天道,实现主观世界中人与自然的和谐共处。人应该效法自然,以自然无为的态度处理人与自然的关系。随着经济的发展,人与自然环境的矛盾日益突出,这需要我们遵循自然界的客观规律,走生态绿色可持续发展之路。总之,道家没有儒家对伦理规范的具体要求,其主张回归内心和天性的自由解放,其追求的自由是精神的超脱解放。因此,这种顺其自然的自由观可以说是对儒家追求入世的伦理价值观的有力补充,使人在入世的世俗中不失内心天然的自由和快乐。

2. 法家:不别亲疏、不殊贵贱的法治思想

从管仲、商鞅、韩非到王安石、张居正,再到近代的陈启天、章太炎、梁启超等"新法家"代表人物,他们面对不同时代的具体问题,使法家思想不断更新与发展。法家的法治思想虽不同于当前社会的法治思想,但是其合理之处仍然值得我们吸收借鉴。一个社会需要良好的社会秩序,只靠儒家的伦理规范是不能维护的。法治代表了人的理性,与儒家的人治不同,法家主张法治。儒家实行"尊尊、亲亲"的礼治,主张"礼不下庶人,刑不上大夫"(《礼记·曲记上》),严格执行等级宗法制度的规范。法家以"人性恶"为前提,严格依法办事。法家主张法律一旦产生并生效,它必须在整个社会中取得普遍有效性,且具有普遍约束力,即使皇帝君王、皇室贵族也不能超越法的限制。只有"官不私亲、法不遗爱"(《慎子·君臣》)、"任法去私",这个社会的公平正义才能真正得到保障。管仲云:"君臣上下贵贱皆以法。上亦法,臣亦法,法断名决,无绯誉。故君法则主安位,臣法则货赂止,而民无奸。"(《管子·任法》)这种"刑过不避大臣,赏善不遗匹夫"(《韩非子·有度》)的法治精神,正体现了法家公平执法的意志与决心。当然法家"不别亲疏、不殊贵贱"(《法经》)、王子犯法与庶民同罪的法治思想也有其历史局限性,它在等级森严的封建专制社会是无法完全实现的,但这种思想却开拓了一种除儒家"礼治"之外用"法治"管理国家的新模式。

3. 墨家：兼相爱、交相利的平等价值观

墨家思想虽说在董仲舒推行"罢黜百家，独尊儒术"后就被历史淹没了，但是墨家"兼爱"的平等思想在不平等的封建社会一直有其吸引力，它成为传统封建社会中下阶层争取社会平等、追求社会公平正义的思想源泉。墨子以"天下之利"为理论依据，主张去除个人私利而众人兼相爱，人与人之间要爱无差等、不避亲疏，追求"官无常贵，民无终贱"（《墨子·尚贤上》）的政治平等，提倡普遍节用的经济平等，以实现"兼相爱、交互利"的政治理想，建立人与人之间平等互爱的社会关系。

墨子认为，引起社会不稳定的原因是"皆不相爱"，人与人之间不相爱天下就会出现以强凌弱、以富侮贫、以诈欺愚的情况，还有天下的祸乱、争夺、怨愤、仇恨，"其所以起者""以不相爱生也。"（《墨子·兼爱中》）"若使天下兼相爱，爱人若爱其身，犹有不孝者乎？视父兄与君若其身，恶施不孝？犹有不慈者乎？视弟子与臣若其身，恶施不慈？故不孝不慈亡有。"（《墨子·兼爱上》）如果天下人都能做到相互尊重，关心别人就像关心自己一样，那么父母兄弟子女之间就不会有不慈不孝的情况发生。除此之外，正如《墨子·法仪》所言："天之行广而无私，其施厚而不德，其明久而不衰，故圣王法之。既以天为法，动作有为，必度于天；天之所欲则为之，天所不欲则止。然而天何欲何恶者也？天必欲人之相爱相利，而不欲人之相恶相贼也。""顺天意者，兼相爱，交相利，必得赏；反天意者，别相恶，交相贼，必得罚"（《墨子·天志上》）。也就是说，顺从天意的人同时都相爱，交互都得利，必定会得到赏赐；违反天意的人，分别都相恶并互相残害，必定会得到惩罚。

四、其他教育理论的借鉴

其他教育理论对中国传统文化融入高校思政课社会主义核心价值观教育研究具有理论借鉴作用。其中，态度形成理论、建构主义学习理论、交互作用论和价值澄清理论对中国传统文化融入高校思政课社会主义核心价值观教育具有启示作用。

（一）态度形成理论及其启示

1. 态度形成理论的科学内涵

态度是指个人对特定对象以一定方式作出反应时所持的较稳定的内部心理倾向。态度是个体在社会生活中通过经验的积累逐渐形成的，其形成过程是个体社会化的过程。态度的形成或改变经历了三个阶段，即依从、认同和内化。依从阶段是态度形成的开始阶段，此阶段外界规范的要求与个体的内在需要并不一致，依从是迫于外在压力或为了满足某种安全的需要。[①] 这个阶段个体表面上改变了自己的观点与态度，但内心不一定接受该观点，这是态度形成或改变的第一个阶段。认同阶段是行为主体在认识、情感、行为上与外界要求趋于一致，不再受外界压力的约束，能自愿主动地促使自身言行与外界规范要求相一致。认同分为认知认同、情感认同及行为认同，三者是相互联系、逐级递进的关系。认同是态度形成的关键环节。在此阶段，情感起着重要的作用。内化阶段是个体的态度、信念与外界规范要求相一致，个体的行为动机是以外界规范要求本身的价值信念为基础的。以信念为基础的行动能够带给人一种自我实现感。到了这个阶段，外界规范的要求已经相当牢固，且成为人的个性的一部分。按照态度形成理论的观点，对新规范的学习包含对新规范的认知学习、情感学习和行为方式的学习：通过认知学习，了解新规范意义与内容，获得新规范的基础知识，形成新规范观念与规范认知能力；通过情感学习，形成与新规范相一致的情感体验与需要状态；通过行为方式学习，积累新规范操作性经验，获得与新规范相一致的行为方式与习惯。对新规范的学习以这三类学习为基石，构建知、情、意、行一体化的结构，形成对人、对事、对己的基本态度。

2. 态度形成理论对中国传统文化融入高校思政课社会主义核心价值观教育的启示

要使大学生核心价值观教育有实效，就要借鉴态度形成理论，注重社会主义核心价值观的形成过程，依据大学生的自身需求，设置综合课程，注重知、情、意、行的体验过程，从而实现教育目的。

个体对某一对象的态度、反应不是凭空而生的，它是以个体所持有的

---

① 靳玉乐，易连云. 教育基本理论问题专题研究[M]. 重庆：西南师范大学出版社，2012：146.

第五章　中国传统文化融入高校思政课社会主义核心价值观教育的理论基础

价值观念为基础的。也就是说，态度是个体价值观的一种反映。培育和践行核心价值观的过程，就是态度形成的过程。开展大学生社会主义核心价值观教育，首先要对社会主义核心价值观的内涵进行大众化解读，让大学生理解，这就需要理论课程；其次，大学生将其运用于日常生活实践中，发现其在化解矛盾时确实有实效，他们才会自愿地主动认同，这就需要实践课程；最后，在理论和实践的反复循环中，要重视课程情境的创设、重视情境与主体的互动等，综合课程是大学生社会主义核心价值观教育的有效组织形式。

（二）建构主义学习理论及其启示

1. 建构主义学习理论的基本思想

建构主义学习理论将学习作为个体原有经验与社会环境的互动加工过程。建构是指学习者通过新旧知识经验之间反复、双向的相互作用，形成和调整自己经验结构的过程。在学习上，建构主义更加关注学生如何以原有的经验、心理结构和信念为基础来建构知识，强调学习的主动性和情境性。[①] 主动性是指知识是在主体与客体的相互作用中建构起来的，建构的过程包括同化和顺应。情境性是指知识是不可能脱离活动情境而存在的，为了增进学生的活动经验，应该为他们提供大量丰富的真实情境中发生的活动，学习应该与情境化的实践活动结合起来。[②]

2. 建构主义学习理论对中国传统文化融入高校思政课社会主义核心价值观教育的启示

建构主义学习理论对开展大学生社会主义核心价值观教育具有积极推动作用。建构主义学习理论强调的学习的主动建构性、学习的情境性为大学生如何接受社会主义核心价值观教育提供了借鉴。建构主义学习理论对社会主义核心价值观教育实施路径构建的启示是：课程形式要注重活动课程。

社会主义核心价值观的学习过程不是教师向学生强行传递知识、灌输知识，不是行为主义所描述的 S—R 过程（刺激—反应过程），而是学生基

---

① 张大均. 教育心理学（第二版）[M]. 北京：人民教育出版社，2011：98.
② 张大均. 教育心理学（第二版）[M]. 北京：人民教育出版社，2011：245.

121

于自己的知识和经验主动建构知识的过程。在这个过程中，学生不是被动的刺激接受者，学生要对外部信息作主动的选择和加工，学生是主动的信息建构者。也就是说，需要学生综合、重组、转换、改造头脑中已有的知识经验，来解释新信息、新事物、新现象以及解决新问题。因此，社会主义核心价值观教育形式要注重活动课程。一方面，活动课程能充分吸引大学生，调动大学生的学习主动性和自主性，使他们积极参与到课程学习中来，不断完成知识的自我建构。另一方面，社会主义核心价值观知识并不是一套枯燥的、独立于情境之外的符号，而是存在于具体化的、情境性的、可感知的活动中，大学生通过对某种实践活动的参与，各种心理机能之间的关系不断发生变化，才能逐步形成社会主义核心价值观的理念。

（三）交互作用论及其启示

1. 交互作用论的基本思想

交互作用论是班杜拉社会学习理论的一个主要观点。班杜拉（A. Bandura）认为人的行为是内部因素和外部环境相互作用的产物，学习不但要受外部环境影响，而且要受到个人的认知调节和自我调节影响，个人、环境和行为是相互影响、彼此联系的，组成了相互作用的系统，个人的认知调节和自我调节一定不要被忽视。①

2. 交互作用论对中国传统文化融入高校思政课社会主义核心价值观教育的启示

交互作用论对开展大学生社会主义核心价值观教育具有积极推动作用。交互作用论除了强调外部环境的作用，尤其强调个人的认知调节和自我调节。也就是说，自我修为这个过程对人的行为有一定影响。在大学生社会主义核心价值观教育实施路径构建中，要把自我修为作为一个重要因素进行考虑。自我修为伴随在各种课程形式中，通过学生积极主动的自我学习、自我修养、自我反思、自我教育，形成多因素相互作用的局面，促进课程目标的实现。

---

① 阿尔伯特·班杜拉. 社会学习理论 [M]. 陈欣银，译. 北京：中国人民大学出版社，2015.

第五章 中国传统文化融入高校思政课社会主义核心价值观教育的理论基础

(四) 价值澄清理论及其启示

1. 价值澄清理论的基本思想

价值澄清理论是指在人们价值观形成的过程中,由于各种价值观的模糊性和不确定性,价值澄清理论将运用分析和评价的方法帮助人们建立正确的价值观念的能力。在对各种价值观进行判断和分析的过程中,人们进一步加强和确立了对正确价值观的认识,这远胜于把某种价值观强行灌输给个体。

首先,价值澄清理论是一种理论学说,它更多的是关于人的独立自主能力的发展,同时也是一种价值分析和评价的方法;其次,通过对某一价值的分析和澄清,个体可以对这一价值有更深的认识;最后,价值澄清理论更多的是对价值发展的分析和评价。价值澄清理论的主要任务是帮助个体澄清和理解自己的价值观,而不是将一些正确的价值观"传授"给个体。学生在学习和理解的过程中,通过比较分析和选择分析,确立自己的价值观,并根据环境和社会的发展变化不断调整自己的价值观,从而扮演一个明智的角色。价值澄清理论可以看作是一种理论或方法,即在问题和活动中对过程进行评价,从而使人们在生活领域也能熟练地把握和运用评价。

2. 价值澄清理论对中国传统文化融入高校思政课社会主义核心价值观教育的启示

不同的生活方式会使每个人形成不同于他人的价值观,包括主流价值观、非主流价值观、积极健康价值观、消极价值观和陈旧价值观。为了保证个体的健康发展,有必要建立一套指导思想和行为指导方针,价值观的存在就起着这样的作用。根据价值澄清理论,对于个人价值观的选择和确立,由内而发的自觉选择和学习要比强迫教学效果好得多。因此,社会主义核心价值观教育不应强制灌输,而应在大学生与各种价值观的接触、选择和认同过程中适当介入,使他们在接受和学习的过程中能够以主观意识进行价值观的选择和确立,充分体现对大学生作为学习主体的尊重。在大学生社会主义核心价值观教育中,要了解大学生的心理特点和内在需要,将其内容与已有的知识和经验联系起来,教会他们归纳和反思的能力,最后通过实践加深对社会主义核心价值观内容的记忆和巩固。同时,在对大学生进行社会主义核心价值观教育时,不能有急功近利、浮躁的心态,应该沉

123

下心，以由表及里、诱发指导为主要方式，不能也不适合把理念直接灌输给大学生，而是教会他们一种能力，一种分析、辨别和选择接受正确价值观的能力。

第六章　中国传统文化融入高校思政课社会主义核心价值观教育的时代意蕴

按照马克思的"社会存在决定社会意识"的经典论断,新时代的发展方位是当下中国社会最直接的现实存在,也是中国传统文化融入高校思政课社会主义核心价值观教育的现实背景。"新时代"不仅是一个时空概念,更是一个有着丰富内涵和现实要求的重大理论与实践命题。基于新的社会存在,当代中国需要在更广阔的思维空间和社会空间里加强主流意识形态和价值观念的建设。新时代的新方位、新条件、新要求等,为中国传统文化融入高校思政课社会主义核心价值观教育确立了科学的目标体系。

一、中国传统文化融入高校思政课社会主义核心价值观教育的时代境遇

当今世界正在经历前所未有的发展变革,世界政治格局变幻莫测、国内经济深度转型、文化观念繁杂多元、信息技术迅猛发展,这使得当前我国社会发展面临着诸多不稳定不确定因素,这些问题也冲击着传统意义上"象牙塔"中的青年大学生,对他们的世界观、人生观、价值观的健康发展带来挑战。分析当代大学生所处的时代环境,是研究中国传统文化融入高校思政课社会主义核心价值观教育问题的现实基点。

（一）宏观层面：国际国内教育环境的挑战

1. 国际形势的挑战

二战结束后，特别是 20 世纪 80 年代以来，国际形势和世界格局发生了深刻变化。意识形态交锋激烈化、世界多极化、经济全球化、文化多元化、社会信息化、价值观多元化等，对大学生社会主义核心价值观教育提出了新的挑战。

（1）意识形态终结论的挑战

习近平总书记早在 2013 年就多次强调了经济工作在党的全部工作中的中心地位，同时也强调"意识形态工作是党的一项极端重要的工作"[①]。意识形态终结论是 20 世纪 50 年代兴起的一种政治思潮，其主要代表人物有雷蒙·阿隆、弗朗西斯·福山等。在阿隆（R. Aron）看来，"意识形态争吵"的时代已经结束，意识形态冲突的根源已经失效，西方的"左派"和"右派"之间的明显区别已经不复存在，社会主义与资本主义的原则界线正在模糊，"不妥协的社会主义和不妥协的自由主义"已没有地位[②]。1989 年，福山的《历史的终结》一书出版，将意识形态终结论推向了高潮。在福山（F. Fukuyama）看来，西方的自由民主意识形态就是人类意识形态发展的终点和最高峰，因此，他高呼"历史就终结于此""历史终结并不是说生老病死这一自由循环会终结，也不是说重大事件不会再发生了或者报道重大事件的报纸从此销声匿迹了，确切地说，它是指构成历史的最基本的原则和制度可能不再进步了，原因在于所有真正的大问题都已经得到了解决"[③]。意识形态终结论的实质是在意识形态和文化领域对社会主义国家进行和平演变。20 世纪 80 年代末，苏联解体后，中国成为西方宣传和鼓吹意识形态终结论的主要对象，他们利用各种手段，尤其是通过互联网意图从意识形态上渗透和瓦解中国。

意识形态终结论在我国的传播和渗透，不利于巩固马克思主义在意识形态领域的指导地位，必将对大学生的价值观和理想信念产生影响。首先，

[①] 习近平. 习近平谈治国理政（第一卷）[M]. 北京：外文出版社，2018：153.
[②] 侯惠勤，等. 马克思主义意识形态论[M]. 南京：南京大学出版社，2011：179.
[③] 弗朗西斯·福山. 历史的终结及最后之人[M]. 黄胜强，许铭原，译. 北京：中国社会科学出版社，2003：15.

第六章 中国传统文化融入高校思政课社会主义核心价值观教育的时代意蕴

一些大学生对西方敌对势力的和平演变放松警惕,对意识形态领域的复杂性、长期性和尖锐性的斗争缺乏认识。其次,意识形态终结论弱化了部分大学生的主流意识形态。大学生正处于价值观、人生观和世界观形成的关键时期,西方意识形态终结论的传播使少部分大学生对其本质认识不清,盲目接受,影响了其主流意识形态的形成。

(2)西方社会思潮的挑战

西方社会思潮复杂多样,观点各异,其中最具影响力的是个人主义、新自由主义、功利主义、享乐主义、民族主义、历史虚无主义、后现代主义、民主社会主义、文化保守主义等。余双好在北京、上海、广东、四川、湖北等地,采取分层整取的抽样方法,抽取了6440名在校大学生,就当代西方社会思潮对高校学生的影响进行了问卷调查。结果发现,当代西方社会思潮对高校学生的影响较为复杂,不同性别、政治面貌、专业、学历的高校学生受社会思潮的影响存在显著性差异;呈现多样化的接触方式、新奇性吸引、各种社会思潮影响的综合性、影响具有长时间的潜隐性、对社会思潮的本质缺乏理性认识等特点。[①] 西方社会思潮对大学生价值观的影响主要体现在以下几个方面。一是影响了部分大学生中国特色社会主义的理想信念。理想信念是大学生人生追求和政治信仰的高级体现。西方社会思潮的传播和渗透,动摇了部分大学生为共产主义事业奋斗的崇高理想,动摇了部分大学生脚踏实地建设社会主义事业的决心,动摇了部分大学生为共产主义事业奋斗的坚定意志。它消解了部分大学生的道路自信、理论自信、制度自信、文化自信。二是使部分大学生的个体意识强化和集体主义弱化。西方社会思潮提倡"个人自由""人权保障",灌输"个人至上""自尊"等价值取向,导致一些大学生自私自利,甚至为达到个人目的,不择手段,人与人之间缺乏友爱,人际关系变得淡漠。一些大学生把个人利益放在首位,当个人利益与集体利益发生冲突时,他们优先考虑个人利益的得失,甚至以牺牲集体利益为代价谋取个人利益。三是诱导少数大学生形成金钱至上、享乐至上的人生价值观。西方社会思潮提倡"金钱万能""市场规则""消

---

① 余双好. 当代社会思潮对高校学生影响的特点及对策研究[J]. 思想理论教育导刊, 2010(10): 77-83.

费主义"等观念,使少数大学生追求金钱至上、重物质追求、轻精神追求,重物质利益而轻精神鼓励。有少数大学生认为,生活的目的和意义在于追求物质愉悦,甚至是感官愉悦。为了追求物质利益和享乐,他们甘愿放弃自己的美好前程和家人的期望,最终沦为金钱的奴隶和社会的罪人。

(3)世界多极化的挑战

20世纪80年代至90年代初,东欧剧变,苏联解体,美苏两极格局瓦解,世界格局向多极化发展。苏联解体后,美国成为世界上唯一的超级大国,并极力建设一个由自己主导的单极世界。1993年11月1日,欧盟正式成立。欧盟已成为国际经济和政治中的一支重要力量。进入21世纪,中国经济稳步发展,已成为世界第二大经济体,综合国力稳步提升,国际地位不断提高,国际影响力不断增强。尽管苏联解体后俄罗斯的实力大幅下降,但俄罗斯的军事实力仍位居世界第二。随着经济的发展和国家信心的逐步恢复,俄罗斯仍将在国际舞台上发挥重要作用,日本正在积极努力从经济大国向政治大国迈进,印度、巴西、南非等"金砖国家"的崛起也将在世界事务中进一步发挥作用。这些因素都促进了世界多极化进程。

在世界政治格局的多极化体系中,中国已成为重要力量之一。世界多极化趋势总体上有利于世界和平与发展。但是,我们也要充分认识到,霸权主义和强权政治并没有因为世界政治格局的多极化而消失,西方敌对势力仍在试图通过政治、经济、文化等手段使我国西化、分裂,这在一定程度上影响了大学生对社会主义意识形态的认同和对社会主义国家的认同,也会影响大学生对中华民族的认同,从而给大学生社会主义核心价值观的教育和实践带来挑战。

(4)经济全球化的挑战

2001年12月11日,中国正式加入世界贸易组织,成为世界贸易组织第143个成员国,标志着中国正式加入经济全球化的行列。这对发展中的中国来说,是一柄双刃剑。一方面,经济全球化为中国经济社会发展提供了历史机遇。在经济全球化进程中,积极引进外商投资、先进科技和设备,学习国外先进管理经验,引进国外高层次科技人才和管理人才,加强同世界各国和地区的经济文化交流。另一方面,经济全球化也给中国的国家主权、经济和意识形态安全带来了新的挑战。同时,经济全球化带来的世界交往

第六章　中国传统文化融入高校思政课社会主义核心价值观教育的时代意蕴

的普遍性和生活方式的一体化直接或间接影响我国社会的稳定。在经济全球化的进程中，由于我国与世界各国在政治、经济、文化、教育等诸多方面还存在着一些差异或差距，在融入经济全球化的进程中，人们在社会生活和心理上还存在一些不适应，导致了一些现实矛盾和心理困惑，尤其对大学生而言，带来的挑战更加明显。首先，经济全球化在一定程度上影响了大学生对社会主义市场经济体制的认同。在经济全球化进程中，部分大学生对中国与西方发达国家的经济差距缺乏正确的认识和判断，错误地认为市场手段是促进经济发展最有力的杠杆，甚至错误地认为促进经济发展，我们要走资本主义道路。这些都可能在一定程度上削弱大学生对中国特色社会主义市场经济体制的认同感。其次，经济全球化在一定程度上影响了大学生是非判断标准。经济全球化促进了社会财富的积累，提高了人们的生活水平，但在一定程度上也影响了大学生对是非价值观的判断，容易使大学生过分强调个人利益而不顾集体利益和国家利益，过分追求物质利益而不顾精神利益和社会利益。最后，经济全球化在一定程度上影响了大学生的创新意识。创新是一个民族的灵魂，是一个国家发展的坚实动力。然而，在经济全球化的进程中，很容易滋生"拿来主义"的思想观念，过度依赖西方先进技术，缺乏创新动力和积极性。

（5）文化多样化的挑战

党的十八大指出："文化是民族的血脉，是人民的精神家园。"① 这是党中央首次提出了"文化多样化"② 的观点，并指出"要尊重世界文明多样性、发展道路多样化"③。文化多样化是人类文明进步的重要动力，维护和促进世界文化多样化是大多数国家的共同愿望。当今世界正在发生深刻复杂变

---

① 胡锦涛. 坚定不移沿着中国特色社会主义道路前进，为全面建成小康社会而奋斗——在中国共产党第十八次全国代表大会上的报告（2012年11月8日）[M]. 北京：人民出版社，2012：30.

② 胡锦涛. 坚定不移沿着中国特色社会主义道路前进，为全面建成小康社会而奋斗——在中国共产党第十八次全国代表大会上的报告（2012年11月8日）[M]. 北京：人民出版社，2012：46.

③ 胡锦涛. 坚定不移沿着中国特色社会主义道路前进，为全面建成小康社会而奋斗——在中国共产党第十八次全国代表大会上的报告（2012年11月8日）[M]. 北京：人民出版社，2012：47.

化，文化多样化持续推进。①

在世界文化多元化的进程中，面对各种文化，大学生不可避免地会眼花缭乱，从而影响其核心价值观的形成。随着多元文化的融合，大学生面临着更多的挑战。首先，文化是多元的、复杂的、相互交织的。当大学生在做选择时，他们可能会无所适从。其次，不同的文化相互影响。一些敌对势力会通过相对隐蔽的文化艺术形式来传播自己的价值观，大学生缺乏社会经验，容易被蒙蔽和误导。因此，我们必须防范敌对势力的文化"入侵"，用社会主义核心价值观教育大学生，使他们树立正确的三观。

（6）社会信息化的挑战

社会信息化是信息化的高级阶段，是以计算机信息处理技术和传输手段的广泛应用为基础和标志的新技术革命，是影响和改造社会生活方式与管理方式的过程。也就是将信息处理、传输、获取等技术应用到社会生活的各个领域，使信息资源得以充分开发和利用，推动全社会过渡到信息化社会的过程。②

社会信息化对大学生的学习、生活、交往、思维和就业产生了深远的影响。从社会信息化对大学生学习的影响来看，信息化为大学生提供了更多的学习资源，提高了大学生自主选择的能力。信息技术在给大学生带来大量信息的同时，也要求大学生对各种信息的真实性进行识别和选择。在这一过程中，大学生的自主选择能力得到了提高。与此同时，信息技术也对大学生的学习产生了负面影响。比如，网络的普及使得少数大学生在学习中过于依赖网络。他们遇到问题时不愿独立思考、刻苦学习，而是直接在网上寻找答案，影响了大学生创新思维和创新能力的提高。一些大学生沉迷于网络游戏，影响了他们的学习热情。这些都对大学生社会主义核心价值观的培养提出了新的挑战。

第一，信息环境的开放性在一定程度上影响了大学生社会主义核心价值观教育的可控性。在社会信息化条件下，大量信息混杂，真假难辨，影响了社会主义核心价值观的主导地位。特别是在信息网络化背景下，信息

---

① 中央党校中国特色社会主义理论体系研究中心. 世界文化多样化持续推进 [N]. 人民日报，2013-01-08（07）.

② 徐云峰，郭晓敏. 网言网语 [M]. 武汉：武汉大学出版社，2013：1.

第六章 中国传统文化融入高校思政课社会主义核心价值观教育的时代意蕴

交流具有开放性、隐蔽性、即时性和交互性等特点,为大学生自由选择、传播和利用这些信息提供了极大的便利,从而使教育者很难及时掌控这些信息对大学生认知、认同和践行社会主义核心价值观的影响。总之,信息环境的开放性为各种不良信息提供了可乘之机,在一定程度上降低了大学生社会主义核心价值观教育的可控性。

第二,信息输出的不平等性加大了大学生社会主义核心价值观教育的难度。虽然世界各国都处于信息时代,但由于不同的经济、政治、文化环境,它们所能控制的信息并不平等。数据显示,在国际互联网的信息流量中,超过2/3来自美国,位居第二名的日本只有7%,排在第三的德国只有5%。而中国整个互联网的信息输出流量更只占0.05%。[①]可见,在信息化社会中,以美国为首的发达资本主义国家拥有信息"霸权",这为其输出价值观提供了极大的便利,这在一定程度上增加了大学生社会主义核心价值观教育的难度。

2. 国内形势对大学生核心价值观认知践行的影响

大学生社会主义核心价值观教育,不仅受到复杂的国际形势的影响,而且受到国内形势的影响。改革开放四十多年来,我国经济社会结构快速调整,各种矛盾比较突出,在这机遇与挑战共在并存、现实与理论交织互动的时代场域中,大学生社会主义核心价值观的认知践行既要充分利用新时代提供的种种机遇,又要妥善化解现代文明中必然遭遇的"现代性"问题。

(1)利益多元化的影响

中国改革开放已届"不惑之年",经济体制改革不断深入,利益多元化格局日益显现。学术界一般认为市场化最集中的表现就是利益多元化。利益多元化主要是群体身份的多样性和利益所得方式的多元化。社会上的利益的多元化状况会间接影响到大学生群体的多元化,对大学生的价值观产生深刻的影响。

①利益多元化对大学生社会主义核心价值观认知践行的正面影响

在计划经济体制下,经济、政治、文化资源都集中在国家或者集体手中,作为大学生,不仅学费是国家提供,而且国家还提供一定的生活费补贴,

---

[①] 赵海建. 美称霸互联网将引发网络军备竞赛[N]. 广州日报,2010-06-09(14).

甚至工作岗位也是国家统筹分配。利益的单一性决定了当时大学生价值观的统一性特征。但是，这一切随着高校办学体制改革的不断深入而告一段落。大学生群体出现了明显的利益分化、大学生的价值观也渐趋多元，这些变化客观上增强了大学生的主体意识、契约意识和公平意识。

第一，利益多元化有利于生成大学生的主体意识。计划经济条件下，不管是教育行政部门还是一线的德育工作者，普遍存在忽视受教育者的主体需要和主体能动性，把教育对象当作道德"容器"，只能被动地接受教育者灌输的内容，思想政治教育不可避免地陷入"人学空场"的尴尬境地。市场经济体制下，高等教育不再完全是公共产品，进入高校学习需要交纳学费，需要自己负责就业，毕业后统一进入就业市场参与双向选择。这样的模式改变有利于明晰个人与国家、集体、他人的利益界限和利益关联，从而有利于形成主体性的价值需要、选择、决断。大学生群体以多样的方式建构、彰显自己的主体性，更加重视以自己的能力、努力、毅力打拼自己的未来，完成自我设计，这与计划经济体制下的"单位人"成长模式大相径庭。

第二，利益多元化有利于培养大学生的契约意识。首先，有利于培养平等意识。计划经济体制下主要强调体制力，个体是否为体制内成员，对个体的成长机会和发展路径上影响深远。市场经济体制下，强调的则是参与主体发展机会的平等地位。其次，有利于权责意识的培养。商品内在地包含两种属性——使用价值和价值。商品生产者要想实现商品价值，就得让渡商品的使用价值，反过来，如果消费者想要得到商品的使用价值就要付出与商品相对应的等价物，这种内蕴在商品交换中的价值规律同样在"象牙塔"里发挥作用：大学生交费上学，购买高等教育的服务产品，履行学校规定的各种规定和责任。在此基础上，大学生们享受高校提供的各种教学、教育、奖助贷等教育服务，这些无形中形塑了高校学生在市场经济条件下的权责意识。最后，有利于形成规则意识。市场经济本质上是法治经济、契约经济。市场主体之间在平等互利、意志自由的前提下以类似契约（事实上或心理上）的形式联结在一起。契约对各个主体方都拥有同样的约束力，缔约方享有契约规定的权利，履行契约规定的义务，这也是市场主体之间信用与合作的法律保证。就高校而言，不仅有国家层面的《中华人民共和

第六章 中国传统文化融入高校思政课社会主义核心价值观教育的时代意蕴

国高等教育法》，各个高校还有各自的大学章程，所有这些都是对高校各个主体的教学、科研、管理等具有契约效力，这有助于在主体内心中培育规则意识、契约精神。要把相关规定作为主体行为的基本遵循，如果是规定认可提倡的行为就会受到鼓励甚至奖励，相反，如果违反规定的行为就要受到抑制甚至受到法律制裁。

第三，利益多元化有利于生成大学生的开放意识。市场经济是一个外向型的开放系统，这一本质从资本主义早期发展就开始显现出来："不断扩大产品销路的需要，驱使资产阶级奔走于全球各地。它必须到处落户，到处开发，到处建立联系。"① 随着社会主义市场经济和经济全球化的深入发展，自然经济状态下鸡犬之声相闻、老死不相往来的封闭状态已经不适应时代发展需要。近年来，越来越多的高校把国际化作为学校办学的重要战略，"引进来"和"走出去"并重。当代大学生也有越来越多的出国（境）学习和交流的机会。在国际化办学战略的推动下，大学生的开放意识和开拓精神越来越强，"象牙塔"里的天之骄子不再仅仅满足于国内的发展。

②利益多元化对大学生价值观认知践行的负面影响

第一，容易造成大学生主体结构的过度分化。计划经济时代下，大学生主要分为城市和农村生源，市场经济体制下生源除了城市和农村群体"二分法"外，在各自大群体里又可以分化出很多群体，如富二代、官二代、下岗二代、工薪二代；在农村生源中可以分为农民工二代、新农村创业致富的富二代和仍然固守"面朝黄土背朝天"传统生产模式的农二代，等等。这些不同的利益群体，在市场经济条件下，虽然都拥有法律规定上的平等的主体资格，但是因为不同群体在拥有和获取经济、政治、文化等发展性资源方面存在不均衡状况，从而在事实层面上存在着巨大的群体利益差异。部分利益受损的弱势群体在与其他既得利益群体比较中，容易滋生相对剥夺感和不公平感，他们往往会与既得利益群体，特别是与那些不是靠个人能力和努力合法致富的群体，不可避免地产生隔阂甚至冲突。这种状况也不可避免地影响到大学生群体价值共识的最大化形成，部分大学生群体的

---

① 中共中央马克思恩格斯列宁斯大林著作编译局. 马克思恩格斯选集（第一卷）[M]. 北京：人民出版社，2012：404.

中国传统文化融入高校思政课社会主义核心价值观教育研究

价值观就会游离于社会主义核心价值观之外。

第二,容易造成大学生扭曲的义利观。马克思指出:"人们为了能够'创造历史',必须能够生活。但是为了生活,首先就需要吃喝住穿以及其他一些东西。因此第一个历史活动就是生产满足这些需要的资料,即生产物质生活本身……"① 这里马克思肯定了物质利益的生产和消费活动是人类生活和历史发展的基础和前提,同时它也是个人生存、生活和发展的动力源泉。当代大学生都是"00后",对市场经济的利益主体有着更全面的认识。他们知道国家利益、集体利益、社会利益并不是利益的全部形式,他们对个体的利益追求更加自然、更加直接,这种对主体性个人利益的彰显无疑是时代进步的重要标志。但是如果片面追求主体个人利益,忽视国家和集体利益;片面追求物质利益的享受,忽视了精神生活的追求;片面强调自我设计、自我选择、自我实现,忽视了他人、群体、社会对个人的发展的制约,就容易使部分大学生产生扭曲的义利观,容易导致利己主义、个人主义、享乐主义思想在高校蔓延。"关键倒是在于:私人利益本身已经是社会所决定的利益,而且只有在社会所设定的条件下并使用所提供的手段,才能达到……但它的内容以及实现的形式和手段则是由不以任何人为转移的社会条件决定的。"② 在日常生活学习中,我们会看到部分大学生认识不到个人利益实现的社会规定性以及个人对社会的义务和责任,对自己的利益时刻关注,唯独对集体和他人的利益漠不关心。只求人人为我,不求我为人人;只谈享受,不讲贡献。如此扭曲的义利观着实让人忧心。

第三,容易造成大学生异化的目的观。目的是主体综合评估实现主客观条件而在头脑中预先建构的愿望图景,一般是主体通过运用一定的手段改造客体的对象性活动实现的。目的和手段的关系是对立统一的关系:人们在对象性实践活动中不管是使用已有的手段、工具,还是创造新的工具、条件(手段),都是以一定的目的为依据的。同时,人们也是根据一定的工具、条件(手段),提出确实可行的方案(目的),目的和手段是互为条件、

---

① 中共中央马克思恩格斯列宁斯大林著作编译局. 马克思恩格斯选集(第一卷)[M]. 北京:人民出版社,2012:158.
② 中共中央马克思恩格斯列宁斯大林著作编译局. 马克思恩格斯文集(第八卷)[M]. 北京:人民出版社,2009:50-51.

第六章 中国传统文化融入高校思政课社会主义核心价值观教育的时代意蕴

相互制约的对立统一关系。在目的和手段的关系认识和实践中,有些大学生处理得不是很好:如为了获得好成绩拿到奖学金,增加就业筹码,部分学生不讲诚信,考试作弊、替考现象时有发生,更有甚者明目张胆地用钱贿赂无良教师直接更改成绩,为了达到目的,不择手段,怎样的手段可以达到的目的就毫不犹豫地加以选择,而不问手段的合规合法性。利益多元化时代,容易造成人们对"实用主义""工具理性""唯意志论"大加吹捧,而对道德规范和价值理性嗤之以鼻。社会上这些不良风气,也容易造成大学生异化的目的观。如果所运用的手段是违法不正当的,目的也自然而然就不是正当的。马克思主义坚决反对把手段和目的人为割裂而只求目的不择手段的实用主义做法,提倡合目的性与合规律性具体的统一。

(2)市场化环境的影响

改革开放以来,随着市场经济的不断发展,社会物质生产力水平显著提升,但同时也给社会的精神文化建设带来了诸多问题。美国当代思想家丹尼尔·贝尔(Daniel Bell)指出:"现代主义的真正问题是信仰问题。用不时兴的语言来说,它就是一种精神危机,因为这种新生的稳定意识本身充满了空幻,而旧的信念又不复存在了。如此局势将我们带回了虚无。"[①]在竞争激烈的现代社会中,人们为了更好地生存和发展,对价值观的选择和判断呈现趋利性和现实化的倾向,思想意识和价值观念从一元向多元转变。

第一,竞争性是市场经济的标志特征。

所谓市场经济,就是以市场为基础对资源进行有效配置的一种经济运行方式,有效配置资源体现了社会效率,驱使各市场主体必须具备竞争意识,竞争性成为市场经济的显著标志。竞争性激发了人们的主体性与能动性,它通过自由地进行交易满足人们的基本需求,丰富了社会关系,体现了人的主体价值,促进社会进步。但同时,市场经济发展的后果之一就是容易产生两极分化,拉大贫富差距,引起个人心理失衡。现代社会功利主义盛行,享乐主义、个人主义、拜金主义等错误思潮也随之产生,侵蚀人们的精神

---

① 丹尼尔·贝尔. 资本主义文化矛盾[M]. 赵一凡,蒲隆,任晓晋,译. 北京:生活·读书·新知三联书店,1989:74.

中国传统文化融入高校思政课社会主义核心价值观教育研究

世界，甚至会冲击社会的伦理道德底线和个人的内心信仰，引起人与人关系的异化。"竞争所引起的伟大的社会变革把资产者之间的相互关系以及他们对无产者的关系变为的纯粹的金钱关系，而把上述一切'神圣化的财富'变成买卖对象，并把无产者的一切自然形成的和传统的关系，例如家庭关系和政治关系，都和它们的整个思想上层建筑一起摧毁了……"①正因为市场经济的"双刃剑"效应，所以趋利避害，促进社会物质文明和精神文明的共同发展，是社会主义现代化建设事业顺利发展的基本保证。

第二，坚持以社会主义核心价值观教育化解市场经济的负面影响。

中国特色社会主义进入新时代后，与当前社会主要矛盾转变相适应，我国的社会经济由高速增长阶段转向高质量发展阶段。这种变化是中国社会进入新的历史发展时期的重要标志，同时也彰显了人们对美好生活的需要日益广泛，他们比以往更在意精神层面的获得感，这也对市场经济环境下培育大学生的价值观提出了更高要求。当代大学生是同新时代共同前进的一代青年，既拥有个人奋斗的广阔舞台，又承载着伟大的时代使命。他们中大多数人没有经历过物质上的匮乏，丰裕的物质生活有可能会造成其精神上的"缺钙"。长此以往，对他们的健康成长和国家社会的发展极为不利。因此，在复杂的市场经济环境中，亟须重构新的社会价值伦理，用社会主义核心价值观这个思想"压舱石"和价值"定盘星"，保障高校人才培养的总体方向和育人质量。高校应充分利用市场经济开放性、创新性、竞争性等积极因素，培养大学生的自立自强精神、竞争创新意识、理性务实态度等。同时要坚决抵制市场经济消极的负面影响，关心和重视大学生成长发展的直接现实问题，帮助他们解决实际利益矛盾，处理好个人、集体和国家三者之间的关系，树立正确的得失观、苦乐观、荣辱观、奉献观等，坚定中国特色社会主义理想信念，自觉培育和践行社会主义核心价值观。

（二）微观层面：新时代大学生的价值观特点

从传播学的视角来看，新时代社会主义核心价值观教育要坚持受众导向，研究教育的重点群体——大学生的价值观特点，这是当前高校价值观

---

① 中共中央马克思恩格斯列宁斯大林著作编译局. 马克思恩格斯全集（第三卷）[M]. 北京：人民出版社，1960：432.

第六章　中国传统文化融入高校思政课社会主义核心价值观教育的时代意蕴

教育的微观环境。现在的大学生是历史上最幸运的一代，一方面，他们享受着社会主义现代化建设带来的最好物质条件和生活环境；另一方面，他们又被党和人民寄予厚望。习近平总书记指出："今天高校学生的人生黄金时期，同'两个一百年'奋斗目标的实现完全吻合。亲自参与这个伟大历史进程，实现几代中国人的夙愿，实乃人生之大幸。"[①]作为新时代的青年群体，当代大学生价值观的发展变化始终印刻着时代的痕迹，在总体上呈现一些新的特点。

1. 价值取向的多元化

价值取向是对价值追求、标准和选择的一种倾向性态度，它会伴随时代和社会的发展而变化。随着西方各种社会思潮的涌入和现代网络技术的普及，当代大学生面临的思想文化环境比以往任何时候都复杂多元。西方敌对势力通过文化渗透的方式向我国大学生传播所谓的"普世价值"，企图让我们的青年一代全盘接受西方的政治制度、价值观念和生活方式等。西方社会思潮宣传"马克思主义过时论""指导思想多元化""意识形态多元化"等错误言论，借用民主、自由、人权等在意识形态中不断渗透，企图否定马克思主义的灵魂地位，使得一些学生怀疑马克思主义的科学性，继而信仰迷失，形成信仰多元化的倾向。[②]另外，随着国内经济体制的深度转型和原有利益格局的调整，各种社会矛盾和问题凸显，这也导致了青年大学生原有价值观念的失衡与混乱。国内外政治、经济、文化等各种社会因素的变化都影响着当代大学生的价值取向由一元向多元转变。

2. 价值主体的个性化

在我国改革开放持续深入和经济全球化日趋深化的时代背景下，各种文化价值观念并存，大学生容易受到新思想、新观念的影响，如受到西方人本主义、后现代主义等文化思潮的冲击。他们更加注重个性发展和自我实现，崇尚自主自由，追求独立的人格、个性、价值和尊严。他们更具独立性和批判性，敢于向传统和权威挑战，坚持用自己的眼光观察世界、认

---

① 中共中央文献研究室. 习近平关于青少年和共青团工作论述摘编[M]. 北京：中央文献出版社，2017：18.

② 陈红，张福红. 西方社会思潮与大学生社会主义核心价值观教育[J]. 思想政治教育研究，2014，30（01）：79-81.

137

中国传统文化融入高校思政课社会主义核心价值观教育研究

识世界。他们也更具成才意识和竞争意识，在学好本专业的同时不断拓宽知识面，提升各方面的能力，大胆投身社会追求自身价值的实现。价值主体的个性化有利于培养当代大学生的独立思辨能力和开拓创新精神，促进社会的蓬勃发展。与此同时，过于关注自我、强调个性的价值追求，也会滋生出不利于大学生价值观培养的不良因素，他们从追求崇高理想色彩的价值取向，转为追求生活实际价值和个人价值，甚至有少部分大学生的价值取向落入了追求眼前利益和生活享受的低层次水平。

3. 价值传播的媒介化

当前，随着互联网技术的突飞猛进，以数字技术为基础的新媒体，正日益成为大学生在学习和生活中获取信息和服务的新型传媒形态，深刻地影响了大学生思维方式和价值观念的形成。新媒体的出现打破了传统大众传媒"中心化"的传播方式，赋予每个传播主体自由平等的发言权，能满足不同个体的个性化需求，有利于促进大学生主体意识的确立。同时，新媒体在价值传播中丰富多样的方式手段，改变了传统价值传播的局限性，给大学生提供了无边界的景观世界和即刻的心理满足，因而深受青年学生的喜爱。新媒体的传播形态对大学生价值观的形成具有导向、内化和塑形作用。在新媒体传播的资讯信息中，总是带有一定的思想倾向和价值导向，大学生在接受这些内容时也会对其进行选择、加工、吸收和内化，进而巩固和消解原有价值观，引起价值观"图式"的量变或质变。互联网时代，价值传播的媒介化特征具有"双刃剑"效用，需要我们借其所长、避其所短，注重发挥新媒体对大学生"三观"健康发展的积极引领作用。

4. 价值目标的现实化

当前，随着我国经济体制的转轨转型和市场经济的不断发展，个人利益的合理性与合法性受到重视与肯定，这也使得当代大学生的理想信念、政治选择和目标追求等趋向务实化。他们既有远大的理想抱负，也看中现实的物质回报；他们既尊重传统文化所推崇的至圣先贤，也欣赏现代社会中功成名就的各界精英；他们既崇尚杀身成仁、舍生取义的君子道德标准，也认可君子爱财、取之有道的处世哲学。在处理个人与集体、家庭与社会、义与利、奉献与索取等重要问题上，当代大学生更倾向于在对立中寻求平衡点，讲求实际，不避现实，力求在自我价值和社会价值的统一中，找到

第六章 中国传统文化融入高校思政课社会主义核心价值观教育的时代意蕴

成长和发展的自我空间。正是这种寻求个人价值与社会价值互利共生的选择倾向,体现了当代大学生价值目标现实化的时代发展特征。

5. 价值评判的不稳定性

一方面,当代大学生正处在社会转型期和不稳定期,纷繁复杂的社会现象和社会思潮影响了他们价值观的塑形,在多向度的价值判断和评价中存在着矛盾冲突。诸如"老人摔倒不要扶""宁坐在宝马车里哭,也不在自行车上笑"等不良社会现象造成了大学生价值评判的迷茫和困惑。另一方面,大学生正处于青春期,其人生阅历、心理特征和思想意识都未成熟,价值思维和价值观念尚未定型,这就使得他们的价值评价容易受外界环境的影响,造成价值观上的矛盾和不稳定,甚至出现价值评判的"反转"现象。正是由于大学生处于价值观塑造的"孕穗期""灌浆期",具有易变性和成长性,所以使得这一时期的价值观教育显得尤为重要而迫切。

二、中国传统文化融入高校思政课社会主义核心价值观教育的时代价值

(一)中华优秀传统文化为社会主义核心价值观教育奠定文化基因

1. 国家层面的价值目标

(1)富强——治国之道,国富民足

富强,就是财富充裕,国力强大。富强是国家建设的首要目标,统治阶级的首要任务和责任就是使国家富强、人民富足。国贫兵弱是治国者的罪过;国富兵强不是为了战争,而是为了防止战乱。所谓"主之所以为功者,富强也。故国富兵强,则诸侯服其政,邻敌畏其威,虽不用宝币事诸侯,诸侯不敢犯也。主之所以为罪者,贫弱也。故国贫兵弱,战则不胜,守则不固,虽出名器重宝以事邻敌,不免于死亡之患"(《管子·形势解》)。"富而可求也,虽执鞭之士,吾亦为之。"(《论语·述而》)儒家认为:"凡治国之道,必先富民。民富则易治也,民贫则难治也。"(《管子·治国》)这些思想是以人民为根本、为核心的,也就是人民富裕国家就富裕。"百姓足,君孰与不足?百姓不足,君孰与足?"(《论语·颜渊》)即百姓

中国传统文化融入高校思政课社会主义核心价值观教育研究

的粮食充足了，政府的仓库才能充足，相反如果百姓生活艰辛且家没有存粮，那么国家税收就无法保证，国家也就不能富强。这表明了儒家认为国富与民富应该相互统一、互相促进，"富强"的终极目标就是君民共富、天下稳定。除儒家的"君民共富"思想外，法家提倡"优先富国"："治国者，以富国强兵也。"（《商君书·壹言》）所以商鞅所主张的一系列重农抑商、奖励农桑等措施，其实质是实现国家的富裕强大。之后，韩非子继承了商鞅的"富国"思想，主张："明主者，通于富强则可以得欲矣。故谨于听治，富强之法也。"（《韩非子·八说》）其强调要实现国家的富强，必须要以法律和刑罚作为保障。

总体说来，"富强先富国"思想强调着重增强国家的综合实力。"富强先富民"主张"以民为本"，注重长远利益，更看重人们生活水平的提高。前者注重国家整体实力，后者注重顺应民心。因此，古代关于"富强"思想的论述对于中国社会主义核心价值观"富强"观极具启示意义。当今中国，四十多年的改革开放硕果累累，创造了诸多举世瞩目的"中国奇迹"，2020年已实现全面建成小康社会。然而立足中国现阶段国情，国家的综合实力虽不断增强，但是经济总量的增长与精神文明的不足形成明显反差，且文化软实力的发展逐渐跟不上日益增强的综合国力。现阶段我国主要矛盾已转化为人民日益增长的美好生活需要与不平衡不充分的发展之间的矛盾。因此，要真正实现社会主义核心价值观所倡导的"富强"观，就必须深刻理解古代中国富强观的两种分歧，正确处理好"国富"还是"民富"为先的问题，始终不忘中国共产党全心全意为人民服务的根本宗旨。

（2）民主——民为邦本，本固邦宁（《尚书·五子之歌》）

从孔子的"仁政"，到孟子的"民贵君轻"，到荀子的"立君为民"，到贾谊的"民为政本"，最后到黄宗羲的"民主君客"，古代的民主思想经历了萌芽、兴起、强盛再到继承和发展的过程，这是历代思想家中对民主最传统的坚持，在古代称之为民本主义，也可以称之为民主的来源。所谓民为邦本、本固邦宁，就是重视人民在政治上的表达和意愿，人民的意愿就是国家生存的根本。在中国古代传统的语境下，民主并不是等同于人民有权参与政治或者左右君主的想法，而是主张君主要顺应民心，对人民负责，要虚心纳谏，对于臣民的意见要积极听取并付诸实施、积极改进。"道

第六章 中国传统文化融入高校思政课社会主义核心价值观教育的时代意蕴

德众,则得国;失众,则失国""道善则得之,不善则失之矣。"(《礼记·大学》)除此之外,孔子还认为,好的君主要"节用而爱人,使民以时"(论语·学而),因而民主在古代又与人民的生存和生活的民生问题息息相关,只要解决了民生问题,也就处理好了民主问题,则"国之兴也,视民如伤,是其福也"(《左传·哀公元年》)。

"虽然都承认君对民有绝对的统治权,这种统治基础不容置疑,但是要求统治方式能够以民为本,民之诉求是治国理政的基础,它们共同构成中国古代统治思想的理论基础与核心内容,中国古代的民主思想都有其特定的思维逻辑以及具体的历史内涵,这也是社会主义核心价值观国家层面值得思考的地方。"①古代封建社会虽在以民为本思想下也主张注重人民思想与生活,但究其本质,依然是少数统治阶层和利益既得者对平民阶层的一种变相统治,是统治阶层为了减少社会矛盾、巩固政权的一种减压器。古代思想家倡导的对人民的关心、体恤和敬畏,对百姓可以"载舟覆舟"的社会作用的认识等先进思想仍然对当代有启示作用,社会主义核心价值观中的民主观也继承和发展了这个思想。我们要借鉴古代民本思想,顺应民心,坚持中国特色社会主义民主集中制,与西方所谓的民主相比,中国特色社会主义的民主不是徒有形式的选举与被选举,更不是多个政党之间的内斗和轮番执政,民主的实质不在于言论自由或者直接选举,而是是否对这个国家实现了最好的管理,最大限度地满足多数人的幸福需求。所以,民兴则政顺,政顺则国强。我国真正的民主是能够真正顺应民心,听从人民的意见,集中力量解决民生问题,全心全意为人民服务。

(3)文明——见龙在田,天下文明

"文明"一词最早出自《易经·乾卦·文言》:"见龙在田,天下文明。"文明也就是"文"被理解、被展现和被明白的过程。所谓"文",原意是"纹理",借以表示事物的走势或规律,其实也就是"道";所谓"明",就是"日月相推而明生焉"(《道德经》),所以文明本身就蕴含着社会进步、事物良好发展的一种积极状态。所谓"刚柔交错,天文也;文明以止,人文也。观乎天文,以察时变;观乎人文,以化成天下。"(《周易·贲卦·象辞》),

---

① 张分田. 中国古代有民主主义思想吗? [N]. 北京日报, 2003-02-17(03).

中国传统文化融入高校思政课社会主义核心价值观教育研究

就是说圣人通过观察自然的变化规律以知晓天时地利变化,通过洞察人性的本质来教化人民。中华文明的核心理念就是礼乐教化、神道设教、推崇"五伦十教"、严防华夷之辨。"居身礼义,习俗孝悌,自属中国,亲被王教,衣冠威仪,故谓之中国。"(《唐律名例疏议释义》)这就是中华民族区别于其他民族特有的文化性格,深厚的文明积淀背后必定有深刻的民族主义情结,支撑着一代又一代华夏儿女创造中华文明的热情和积极性。

要实现中华民族的伟大复兴,就要看到几千年来中华文明源远流长、长盛不衰。钱穆先生认为中华文明对世界文明最大的贡献就是"天人合一"的传统思想。《易经》上讲:"夫大人者,与天地合其德,与日月合其明,与四时合其序。"如果一个人在道德境界、人生修养上达到"大人"的标准,也就是做到"天人合一"了,也就是《道德经》上所说的"知人者智,自知者明",一个人如果能做到仁义礼智信、温良恭俭让,也就达到了个人层面上的"文明"。中华文明可以说是"明学",明其文、明其道、明其理、明其义。《黄帝内经》谈"主明下安",以此实现人生长寿和国家昌盛;《素书》谈明道以"理身、理家、理国";《大学》谈"明明德"以彰三纲八目,实现修齐治平。只有每个人做到"文明",才能使整个国家"文明"。

(4) 和谐——和实生物,协和万邦

"中者,不偏不倚,无过不及之名"(《四书章句集注·中庸章句》)的中庸思想和"乾道变化,各正性命,保合太和,乃利贞"(《易经·乾卦·象传》)的和合理念共同构成了古代传统的和谐思想。现在所提倡的和谐,就是古代的中庸和合。"和"是中国传统文化的核心精神,能够使人伦及各方有序进行。古代首先强调的是人与自然的和谐,所谓"人法地,地法天,天法道,道法自然"(《老子·第二十五章》)。其次强调政治的和谐。所谓"发号出令而民之悦谓之和"(《礼记经解第二十六》)、"商契能和合五教,以保于百姓者也"(《国语·郑语》),也就是说明君圣主都是通过反求诸己的过程以修身,并将父义、母慈、兄友、弟恭、子孝"五教"加以和合,从而使天下归心、百姓安身立命、最终达到社会和谐。最后是强调经济的和谐。不仅要使国家富强、人民富裕,更要注意社会不能两极分化。"仓廪实而知礼节,衣食足而知荣辱"(《史记·管晏列传》),"有国有家者,不患寡而患不均,不患贫而患不安。盖安无倾,和无寡,均无贫"(《论语·季

第六章　中国传统文化融入高校思政课社会主义核心价值观教育的时代意蕴

氏》）。社会主义核心价值观倡导的和谐观，继承和发扬了优秀传统文化的"和"文化。正如《易经》所说"利者，义之和也"，当今中国坚持走和平发展道路，致力于推动和谐世界建设，倡导全球共建人类命运共同体，就是要了解每一个国家、民族和地区的多样性的特点，并尊重每个国家大小、地区贫富、民族风俗的不同，理解各国各地区不同的历史文化传统、政治制度和利益需求，这样才能真正做到求同存异、共建命运共同体，达到"如乐之和，无所不谐"（《左传·襄公十一年》）。和谐观不仅传播了我们优秀传统文化中的和合文化，更给世界各国提供了除霸权之外的另一种极具可行性的发展路径。

2. 社会层面的价值取向

（1）自由——为仁由己，无为而治

自由从来不是西方国家独有的，从古至今也是我们中华民族不懈追求的理想。自由是陶渊明"采菊东篱下，悠然见南山。山气日夕佳，飞鸟相与还"悠闲自得的生活状态；也是嵇康"采薇山阿，散发岩岫。永啸常吟，颐性养寿"那种特立独行、追求自由的独立人格；更是李白的"人生得意须尽欢，莫使金樽空对月。天生我材必有用，千金散去还复来"的乐观潇洒的人生态度。道家追求心灵和精神上的自由。他们认为自由的真谛在于人与自然的和谐，只有按照社会自然规律做事，才能达到真正的自由。就如庄子的"乘天地之正，而御六气之辩，以游无穷"（《庄子·逍遥游》）自由逍遥的精神状态。儒家追求的自由是"从心所欲，不逾矩"（《论语·为政》）。也就是个人有按照自己的本能需要支配自己行为的自由，但这种自由不是没有限制的，它不能违反礼，更不能破坏社会秩序，否则就自由就不存在。只有个体自由与社会自由相互统一，整个社会才能是稳定和谐的。

古代提倡自由，更多时候是强调的是一种悠然自得、随性而为的心理状态，追求人的生存和精神自由，并不是现代意义上的权利和自由观念。传统文化中强调自身生存的自由，也强调精神、思想的人格自由，追求"随心所欲不逾矩"（《论语·为政》）的自我约束的自由，对现在的自由观有启示作用。从中国共产党成立之初到新中国成立，民族独立、人民解放、建立一个自由平等的新中国的目标一直是共产党人持之以恒的价值追求。人的自由和民族解放、社会自由是相互统一的，只有自由平等的社会秩序才能决定每个人自由而全面的发展。和谐观正是从此处着眼，将中国传统意义上的精神自由与马克思主义的人自由而全面发展的思想结合起来，提出了适合当前时代需要的社会层面的价值追求。首先就是充分尊重人生存和发展的权利，每个人都能够按照天性和本能去生活，也就是实现人在主动意义上的自由。其次，要让人民有免于强制和干涉的自由，也就是所谓的"消极自由"——人在被动意义上的自由，人人有权在思想意志上、行为活动上不受他人的控制和干涉。

（2）平等——列德尚同，爱等无差

"有教无类""爱无差等""兼爱""尚同""王子犯法与庶民同罪""不患寡而患不均"，这些思想在一定程度上都体现了古代对平等的向往与追求。农家许行提出："贤者与民并耕而食，饔飧而治。"（《孟子·滕文公上》）荀子认为："礼者，贵贱有等，长幼有差，贫富轻重皆有称也。"（《荀子·富国》）儒家还主张要打破阶级固化："王公士大夫之子孙也，不能属于礼义，则归之庶人。虽庶人之子孙也，积文学正身行，能属于礼义，则归之卿相士大夫。"（《荀子·君道》）官无常贵，民无常贱，应该通过"论德而定次，量能而授官"（《旬子·君道》）的自身努力来改变阶层固化的局面。法家主张"法不阿贵，绳不挠曲。法之所加，智者弗能辞，勇者弗敢争。刑过不辟大臣，赏善不遗匹夫"（《韩非子·有度》）。法不偏袒权贵，法律决不能屈从于邪恶。惩罚非过，也不能回避权贵大臣；奖赏善行，更不可遗漏普通百姓。除此之外，陶渊明《桃花源记》中的"大同社会"，太平天国《天朝田亩制度》的绝对平均主义，还有章太炎的《五无论》、康有为的《大同书》都描绘了一幅人人平等的美好蓝图。然而古代的平等，不是一种绝对的平等，而是一种建立在"三纲五常"的严格等级秩序下的平等。儒家平等思想中虽有积极成分，但仍然与其主张的"三纲五常"的等级秩序内在矛盾。还有墨家的"兼爱"思想，虽说主张爱一切人，但也认为平等是有贫富贵贱的等级差别的，因此这样的平等也只是部分人之间的平等。古代只能把平等作为生活的美好蓝图提出，在实际生活中却难以得到实现。

当前我们提倡的新型平等观，首先必须要尊重像生存权、发展权、自由权等最基本的人权。我们当前倡导的平等，不仅是物质层面上的平等，

第六章 中国传统文化融入高校思政课社会主义核心价值观教育的时代意蕴

更是在政治地位上获得平等、精神境界上得到尊重；既不是古代等级秩序基础上的平等，也不是新中国成立后人民公社、"大跃进"时期的绝对平均和平等。新时代，我们倡导的新型平等不能完全依靠政府的"一刀切"，简单地将社会财富进行绝对平均的分配,这样的平等只能是暂时的、表面的、形式的平等。我们要将机会平等、过程平等和结果平等结合起来，完善分配制度，使得每个人都能享有共同出彩的机会，共享改革发展成果。

（3）公正——不殊贵贱，天下为公

公正就是公平正直、不偏私。在中国历史上很早就有关于公正的思想。早在先秦时期，孔子就提出"大道之行也，天下为公"（《礼记·礼运》），在儒家看来："其身正，不令而行，其身不正，虽令不从"（《论语·子路》），"天无私覆，地无私载，日月无私照"（《礼记·第二十九篇》）。公平正义如同日月光华，朗朗乾坤，要让每一个人都平等地受到恩惠。"政者，正也"（《论语·颜渊》）；法家强调"公正为民"，韩非认为："自营为私，背私为公。""正，是也。从止，一以止。凡正之属皆从正。"（《韩非子·五蠹》）商鞅认为"公私之交，存亡之本也"；墨家主张"举公义，辟私怨"（《墨子·尚贤上》）；晋代傅玄提出："政在去私，私不去则公道亡。"（《傅子问政》）唐代房玄龄也提出："理国要道，在于公平正直。"（《贞观政要》）朱熹提出"惟公然后能正"（《朱子语类》）。这些思想都代表着古今无数仁人志士和普通老百姓对一个人人平等、人人公平的社会的追求和向往，更是在强调为政者必须去除私心，一心为公，公正为民，这是社会主义核心价值观"公正"观形成的思想土壤。

古往今来，公正都是人类社会发展的基本理念，不同的国家、不同的时代，人类社会的发展史就是人民群众不断争取公平正义的斗争史。由此可见实现公平正义，是政治上的首要目标。首先，我们要认识到公平正义是一个历史范畴，公平正义的标准随着社会的发展而发展，没有一个适用于一切时代、一切社会制度的永恒不变的标准，我们必须从生产力与生产关系、经济基础与上层建筑的矛盾中去把握公正的标准。其次，公平正义是具体的，在不同的领域有不同的内涵。例如在经济领域，公平正义主要是指市场经济的等价交换原则体现出来的平等；在社会领域，公平正义就在于包括老弱病残、鳏寡孤独等困难群体在内的所有社会成员都能获得基

中国传统文化融入高校思政课社会主义核心价值观教育研究

本的社会福利和保障。最后,我们需要注意的是不能将公平正义理解为收入上的平均主义,要承认合理的、适度的差距存在。社会主义公正观包括社会权利的公正、机会的公正、规则的公正和程序的公正。只有从各个方面把握公正,我们才能真正地实现社会的公平正义。

(4) 法治——礼法共治,德刑合一

最早出现"法治"一词的是:"昔者先君桓公之地狭于今,修法治,广政教,以霸诸侯。"(《晏子春秋·谏上九》)中国历史上法家是提倡法治的重要学派。早在春秋时期,管仲就提出了"以法治国"的治国理念:"以法治国,则举措而已。"(《管子·明法》)战国时期李悝的《法经》是中国历史上第一部比较系统的封建成文法典。商君云:"法令者,民之命也,为治之本也,所以备民也"(《商君书·定分第二十六》),韩非子言:"法者,编著之图籍,设之于官府,而布之予百姓者也。"(《韩非子·难三》)"夫圣人之治国,不恃人之为吾善也,而用其不得为非也。恃人之为吾善也,境内不什数;用人不得为非,一国可使齐。为治者用众而舍寡,故不务德而务法"(《韩非子·显学》)、"明君使其群臣,不游意于法之外,不为惠于法之内,动无非法"(《韩非子·有度》)等法治思想,对于中国法律的诞生及对现代法制的影响深远。法家"以法治国"思想的发展,动摇了刑不上大夫、礼不下庶人的等级基础,补充了儒家过分注重宗法血缘和等级秩序的伦理思想。纵观整个封建社会,统治阶级虽在名义上是以儒家的"仁政"作为正统思想,但在实际的治国理政中,实行的其实是内儒外法的统治,"德礼为政教之本,刑罚为政教之用"(《唐律疏议》),以法治对人民进行管理和约束,以仁政和伦理教化民众——"至道大行,隆礼重法则国常有"(《荀子·君道》),所以我国封建社会实行的是礼法共治、德刑合一、德法并用相结合的政治统治。

在中国的历史上,法治和德治是治理国家的两种手段,对调整社会关系、维护统治秩序发挥了重要的作用。法治以强制性手段严格规范人们的行为,德治用道德影响力提高人们的思想觉悟。古代儒家的"德治"有其鲜明的历史局限性,其过度高估了道德影响力对人们的约束力,以至于在"德治"过程中其实形成了所谓的"人治"。而法家不加辨析直接反对儒家的"德治",直接提倡刑罚的法治也走向了另一个极端。我们当前提倡的法治观,必须遵循法律至上、宪法至上的原则，坚持依法治国和以德治国相统一，既要重视法律的规范作用，又要重视道德的教化作用。法治不仅代表着一种秩序，更体现着一种价值取向，关注的是民主、人权、自由、公正等价值目标。这种价值取向应该包括：在法律面前人人平等；法律必须以人民为根本，要保障广大人民的根本利益；法律要对每个人的正当利益给予相应的保护；法律要尊重和保障每个人应有的权利和自由。新型的法治观，不光是让人民群众遵守具体的法律规定，更是要将法律的基本精神融入每一个公民的血液中，使其真正能够内化于心，外化于行。

3. 个人层面的价值准则

（1）爱国——胸怀天下，心系家国

爱国精神一直以来都是中华民族精神的灵魂，它具有鲜明的时代性，在社会发展的不同时期、不同阶段有着不一样的具体内容。不同时期的"爱国"有着不同的精神内涵。古代先贤"先天下之忧而忧,后天下之乐而乐""穷则独善其身、达则兼济天下"，强调的都是通过自我修身来达到齐家平天下，践行自己的爱国情怀。但是在古代社会，爱国主要表现为忠君意识和民族意识，古人对国家和民族怀有深厚感情，培养出无数为捍卫国家和民族利益不惜流血牺牲的仁人志士。从"亲民如子、爱国如家"到"匈奴未灭、何以成家"；从林则徐的"苟利国家生死以、岂因祸福避趋之"到谭嗣同的"我自横刀向天笑，去留肝胆两昆仑"；从孙文"革命尚未成功同志仍需努力"到周恩来"为中华之崛起而读书"，爱国精神传统已如一枚烙印，深深刻在了每一位中华儿女的内心深处，成为外御强敌、内聚人心的强大精神感召。近代中国，中华民族陷入了前所未有的民族危机，期间涌现出了无数可歌可泣的爱国者，集中表现为与帝国主义、封建主义展开不屈不挠的斗争。中国共产党成立后，更是涌现出了一批又一批为了实现民族独立、国家富强的信仰而为之不懈奋斗的优秀共产党人。

中国传统语境下的忠君爱国思想，产生于当时特定的历史条件，带有一定的历史局限性。因此，当前的爱国观，是对传统爱国观的批判继承，并根据时代变化对其进行了创造性转化，同时吸收了中国共产党人在新民主主义革命时期、社会主义建设和发展时期的爱国信仰和中国特色社会主义在新时代条件下的爱国主义新要求。当前我们所倡导的爱国，就是要首

中国传统文化融入高校思政课社会主义核心价值观教育研究

先爱自己国家的领土,国家主权不容侵犯,还要保护好我们的领土,实现可持续发展。其次,爱国就是爱我们的骨肉同胞,国家是由人民构成,爱国就是与14亿人民同呼吸共命运。最后,爱国就是爱祖国的文化和制度。中华文化源远流长,滋养了一代又一代的中国人民,我们也要守护好我们的精神家园。另外,制度是文化的固化,当前我国实行的社会主义制度是经过历史检验和由人民选择的。

(2)敬业——敬业乐群,唯精唯一

《说文解字》中记载:"敬,肃也",即认真严肃的意思,它体现的是一种恪尽职守、乐于奉献的工作态度和责任意识。中华民族历来就有敬业的传统,"大禹治水,三过家门而不入"(《史记·夏本纪》),"事君,敬其事而后其食"(《论语·卫灵公》)等经典广为流传。戴圣在《礼记》中指出,个人成长要"一年视离经辨志,三年视敬业乐群",倡导青少年学习达到的第二个阶段就是要学会敬业。孔子将敬业的重要性提到了治国的高度:"道千乘之国,敬事而信,节用而爱人,使民以时"(《论语·学而》)。春秋时期之后,"敬"便与职业一词联系在了一起:"业精于勤,荒于嬉"(韩愈《进学解》),"功崇惟志,业广惟勤。"(《尚书·周书》)朱熹将敬业解释为:"敬业者,专心致志,以事其业也。"(《朱子文集·仪礼经传通解》)正是有了这样一丝不苟的敬业精神,中国人才能创造出众多享誉世界的创造发明,中华文明也得以历久弥新、生生不息。

我们的国家是人民当家作主的社会主义国家,所有职业不分高低贵贱,都是为社会主义现代化建设贡献自己的力量。我们当前倡导的敬业观,正如习近平总书记所说的那样:"幸福不会从天而降,梦想不会自动成真。实现我们的奋斗目标,开创我们的美好未来,必须紧紧依靠人民,始终为了人民,必须依靠辛勤劳动、诚实劳动、创造性劳动。"[①]美好的生活是每个人奋斗出来的,首先,热爱工作是敬业的前提。孔子有言:"知之者不如好之者,好之者不如乐之者。"(《论语·雍也》)我们只有在劳动中得到快乐和满足,才能真正敬业乐业,不被劳动"异化"。其次,勤奋肯干是敬业的灵魂。如果空有一番工作的热情,没有对工作实实在在的付出,

---

① 习近平. 习近平谈治国理政(第一卷)[M]. 北京:外文出版社,2018:44.

第六章 中国传统文化融入高校思政课社会主义核心价值观教育的时代意蕴

那么敬业也就成了一句空话。再次,自律克制是敬业的操守。在工作中承担特定的责任和义务,要有强烈的责任感。最后,创新思想是敬业的延伸。在实干中创新、在创新中发展,我们将创造出更多的精神和物质财富。

（3）诚信——诚者天道,言信必果

"诚,信也""信,诚也。"（《说文解字》）"诚"与"信"在古人的道德体系中是一个不可分割的有机整体。"诚"是个人的内在修为,而"信"则是这种内在修为的外在反映。诚信就是待人诚恳、实事求是、信守承诺、实践成约。"君子博学而孱守之,微言而笃行之,行必先人,言必后人,君子终身守此悟悟。"（《曾子·子思子》）在儒家看来,诚信是对他人、对社会的一种承诺,若要成为君子,绝不可以失信。首先,"诚"在古代被视作以天道为根据的人们的最高行为规范,是古人安身立命的根本。所谓"诚者,毋自欺也。"（《大学·第六章》）,"反身而诚,乐莫大焉。"（《孟子·尽心章句上》）荀子也有言:"夫诚者,君子之所守也,而政事之本也。""君子养心莫善于诚,致诚则无它事矣,唯仁之为守,唯义之为行。"（《荀子·不苟》）其次,所谓"信",就是遵守承诺,讲究信用。"言之所以为言者,信也;言而不信,何以为言?"（《春秋穀梁传·僖公二十二年》）"人而不信,不知其可也。"（《论语·为政》）孔子认为士有三类,分别为:"不辱君命,为国效力;孝悌兼备,乡邻模范;言信行果,千金一诺。"（《论语·子路》）每个人如果都能正心诚意,那么政治也会清明,社会也会稳定和谐。孔子还将"信"作为"仁"的重要表现之一,认为这是君子和贤者应有的美德,诚实守信便会得到别人的任用,他认为:"君子义以为质,礼以行之,孙以出之,信以成之。君子哉。"（《论语·卫灵公十五》）

在建设中国特色社会主义的过程中,诚信教育是必不可少的关键环节。在中国共产党的理论体系中,诚信理念有极其重要的地位,并贯穿于党的思想文化建设的始终。当前,我国正经历社会结构、经济结构的调整转型,所以,在这样的背景下,彰显诚信这一核心价值观就显得尤为重要。诚信是立国之本,对于一个国家来说,讲究诚信是统治者凝聚人心、取信于民的关键。诚信也是修身之道,人无诚而不言、人无信而不立,诚信是个人最基本的道德规范。我们倡导的诚信观,不仅要呼唤传统诚信道德的回归,自觉树立诚信意识，还需要相关制度和法律的保障和促进，逐渐建立一套科学完善、合理高效的社会信用体系。

（4）友善——仁者爱人，止于至善

友善是由家庭亲情而推广到国家和社会的一种道德范畴，它体现为一种待人和善的为人之道。友善是中华民族千百年形成的基本传统美德。自古以来，中华民族聚族而居，人们依靠血缘关系来维持种族的生存和繁衍。这种社会形态注重人际关系，由血亲推广到社会，由家族扩展到国家。首先，儒家提倡交友要择善而从。孔子曰："益者三友，损者三友。友直，友谅，友多闻，益矣。友偏辟，友善柔，友便佞，损矣。"（《论语·季氏》）其次，《弟子规》有言："善相劝，德皆建，过不规，道两亏。"就是让人们明白行善的道理，大家一起努力共同建设一个有道德的社会。《朱子家训》从反面来说善："善欲人见，不是真善；恶恐人知，便是大恶。"《增广贤文》也指出："为善急人知，善处即是恶念；为恶恐人知，恶处亦有善根。"仁爱和善的对象没有亲疏、贫富等的分别，人与人之间都应该互相关心、相亲相爱。最后，道家倡导上善若水的"至善"："上善若水，心善渊，与善仁，言善信，政善治，事善能，动善时。夫唯不争，故无尤。"（《道德经》）老子认为与人为善是既利人也利己的一种人生智慧。

友善是我们在处理人与人之间的关系时所应遵循的道德准则。要使友善观成为公民的自主选择、自觉追求，需要一个内化的过程。首先在家庭层面。孔子主张"爱人"要从"爱亲"开始。孝敬父母、尊师重道，是中华民族的传统美德。其次，就是在社会层面，从"爱亲"到推己及人，由近及远，把对亲人的爱推广到整个社会。友善地对待他人，就要身体力行地做到恭敬、宽厚、友爱、慈惠。随着社会主义市场经济的发展，现代化的生活方式，打破了以时间、地缘为纽带的社会关系，人与人之间的交往更广泛、更迅速、更便捷，随之带来的就是人与人之间的信任危机、友善危机。所以将友善纳入社会主义核心价值观中，呼吁每个人友善地对待他人，具有重要的现实意义。中国传统美德提倡仁爱、宽恕、谦敬、礼让等为人处世的原则，主张人与人和睦相处，互敬互谅。这种传统美德经过历史的选择和时代的不断更新发展，成为今天社会主义核心价值观中的友善观。

第六章　中国传统文化融入高校思政课社会主义核心价值观教育的时代意蕴

（二）中华优秀传统文化为社会主义核心价值观教育树立精神支撑

1. 增强责任担当意识

在谈及责任担当意识之前，我们先要明确责任和担当的内涵。责任的含义是"任何一个人都要承担与自身社会角色相适应的任务，责任在这里强调一种自觉性，是个体对自身的自觉要求，这属于道德范畴"[1]。担当是指承担、担负责任，强调责任的履行和落实。责任与担当不可分割，责任中包含着担当，担当是对责任最终履行的诠释。

责任担当意识主要分为三方面。第一是自我责任。自我责任是我们应当承担的最基本的责任，也是与他人友好相处、为社会发展作贡献的前提。自我责任就是对自己负责，我们只有对自己负起责任，才能更好地履行社会责任和家庭责任。中华优秀传统文化中的思想精髓有利于增强自我责任意识，自我责任意识的增强可以使我们正确认识、认同并接受自己，确立人生目标，并将其转化为实际的行动，直面困难，依靠自身的力量去解决问题，实现人生价值。

第二是社会责任。我们的社会责任在于努力学习成为高素质人才，为建设祖国贡献自己的力量。如何提升社会责任？重点在于传承中华优秀传统文化。中华优秀传统文化中蕴含着丰富的爱国思想，这些思想有助于形成以爱国主义为核心的民族精神，增强我们的民族自尊心、自信心以及自豪感。我国传统文化经常强调"义以为上""先义后利"。"义"代表民族、国家的利益，"利"代表个人利益。传统文化中的义利观有利于增强我们的集体主义精神。集体主义精神教育我们正确认识集体利益与个人利益的关系，在解决问题时优先考虑集体利益，顾全大局。爱国主义与集体主义精神有利于增强我们的责任担当意识，为我们自觉履行社会责任提供源源不断的精神动力。

第三是家庭责任。我们的家庭责任在于孝敬父母、长辈，爱护兄弟姐妹，维护家庭和睦。我国传统的孝文化源远流长，历经千年仍未褪色。传统文化中的仁爱思想教育我们要用仁爱之心尊重他人、理解他人、关心爱护他人。

---

[1] 许可，马培安，王玉国. 社会主义核心价值观与传统文化[M]. 北京：中国书籍出版社，2016：19.

中国传统文化融入高校思政课社会主义核心价值观教育研究

孝文化、仁爱思想为我们如何孝敬父母、长辈，关心爱护家庭成员提供了思想借鉴，对提升我们的家庭责任意识、营造良好的家庭环境起到了积极作用。中华优秀传统文化是涵养责任担当意识的思想源泉，我们要充分挖掘其中的思想精髓，增强责任担当意识，强化责任担当能力，引导责任担当行为。

2. 坚定文化自信

"文化是一个国家、一个民族的灵魂。"①"文化兴则国家兴，文化强则民族强。"②"没有高度的文化自信，没有文化的繁荣兴盛，就没有中华民族伟大复兴。"③这些论断充分指明了文化的重要性。习近平总书记如此强调文化的作用是因为文化是一个国家和民族的灵魂，如果不珍惜本民族的文化，丢掉了灵魂，那么一个国家和民族是无法立足的。何谓文化自信？文化自信是一个国家和民族对自身文化的认同和积极践行，并对本民族文化的健康发展持有坚定的信念。文化自信是对源远流长的中华优秀传统文化的自信，是对我党和人民在伟大斗争中共同创造出来的革命文化和社会主义先进文化的自信。中华优秀传统文化博大精深、源远流长，中华优秀传统文化包含了天下兴亡匹夫有责的爱国精神、自强不息的进取精神、以和为贵的和谐精神、以民为本的伦理精神等。这些精神早已在千百年的传承中融入每个中国人的心中，丰富着我们的精神世界，指引着我们前进。革命文化极具中国特色，其中蕴含的革命精神是人民军队和人民群众克服一切艰难险阻，战胜一切敌人的强大精神支撑。革命文化蕴含着丰厚的历史文化底蕴，以中华优秀传统文化为思想基础，又根据时代特征不断升华，为我国今后的发展指明方向。社会主义先进文化是在中华优秀传统文化与革命文化的基础上发展而来的，并在发展的过程中结合时代要求不断完善自身。中华优秀传统文化、革命文化、社会主义先进文化凝聚了国家力量，凝结着中华儿女的智慧，具有强大的生命力，赋予我们充分肯定本民族文化的坚定信念。培育和践行社会主义核心价值观要注重强调中华优秀传统文化的价值，在新的历史条件下弘扬革命文化、社会主义先进文化，增强

---

① 习近平. 习近平谈治国理政（第二卷）[M]. 北京：外文出版社，2017：349.
② 习近平. 习近平谈治国理政（第四卷）[M]. 北京：外文出版社，2022：320.
③ 习近平. 论党的宣传思想工作 [M]. 北京：中央文献出版社，2020：10.

第六章 中国传统文化融入高校思政课社会主义核心价值观教育的时代意蕴

民族自信心、自豪感，坚定文化自信。

3. 引导树立正确价值观

随着人类社会的发展与经济全球化进程的不断深入，各个国家间的交往越来越频繁，国外的各种思想、价值观念不断涌入我国，其中既包含思想文化精华，也不乏一些腐朽落后的价值观。优秀的文化会对人类和社会的发展起促进作用，而腐朽落后的文化则会阻碍人类发展与社会前进。由于缺乏对各种思想、文化、价值观的甄别能力，大学生非常容易受到影响。西方个人主义的渗透会导致部分大学生产生较为强烈的自我观念，盲目追崇个人价值，将个人利益放在首位，忽视集体利益、国家利益。西方的享乐主义、拜金主义会导致部分大学生重视物质享受，忽略精神追求，将金钱放在第一位，爱慕虚荣，贪图享乐。这些腐朽落后的价值观会扭曲大学生的价值取向，阻碍社会的进步。我们要弘扬中华优秀传统文化，树立正确的价值观。面对个人主义，应弘扬中华优秀传统文化中的爱国精神，培养爱国情怀，增强对国家、民族的热爱，将集体利益、国家利益放在首位。面对享乐主义、拜金主义，应弘扬中华优秀传统美德，将勤俭节约、艰苦朴素等美德发扬光大。

（三）中华优秀传统文化为高校思政课社会主义核心价值观教育提供方法借鉴

1. 因材施教、循序渐进、学思结合的施教方法

"因材施教"这一成语出自《论语》，有这样一个典故：孔子的两个学生子路和冉有，向孔子请教了同一个问题，孔子对同一问题的回答却不相同，是因为这两个学生性格各异，处事方法也不尽相同，孔子根据他们的特点提出了不同的建议，这就是"因材施教"这一成语的由来。在教学中，因材施教是一项非常重要的教学方法与教学原则。所谓因材施教，就是指在教学时，教师根据学生的性格特点、认知水平、学习能力等方面，选择适合学生的教学方法，弥补学生的不足，强调学生的优点，调动学生学习的积极性，促进学生的全面发展。不同的学生有不同的学习风格，教师应根据学生的学习风格适当地转变教学风格，同时，引导学生充分认识自身的学习风格并将其转化为学习上的优势。面对学习成绩优异的学生，教师

中国传统文化融入高校思政课社会主义核心价值观教育研究

应鼓励这些学生开拓思维,激发其学习动力;面对成绩不好的学生,教师应着重分析影响学生成绩的因素,有的是因为学生思维水平和学习能力较低,有的是因为学生缺乏学习的动力,教师要根据不同的原因采取不同的措施。

"循序渐进"出自《论语·宪问》:"不怨天,不尤人,下学而上达,知我者其天乎"。朱熹注:"此但自言其反己自修,循序渐进耳"。由此引出了"循序渐进"一词,意思是说:学习、工作等按照一定的步骤逐渐深入或提高。教师应遵循循序渐进的教学方法,在教学中由浅入深,由表及里,学生们学到的知识也就更扎实,更牢固。

"学而不思则罔,思而不学则殆。"(《论语·为政》)这句话是说一味地学习而不进行思考就无法深刻理解学到的知识,一味地空想而不踏实地学习也终将一无所获,所以我们应该将学习与思考辩证地结合起来,这就是学思结合。学思结合强调学生在学习时要充分发挥主观能动性,在接受知识时通过思维加以分析归纳,从而真正地掌握知识。

中华优秀传统文化中因材施教、循序渐进、学思结合的教育方法,是经历了几千年的历史沉淀凝结出来的精髓,对大学生思想政治教育仍有指导作用,为社会主义核心价值观教育提供了借鉴。

2. 慎独、自省的修身方法

自省是一种修身方法,是指自我反省,自行省察。自省要求我们时常反省自己的思想与行为,明辨自身思想与行为中的善恶是非,从而进行自我批评、自我教育。中华优秀传统文化中也蕴含着许多关于自省的论述。孔子及其弟子都非常重视自省。曾子曰:"吾日三省吾身——为人谋而不忠乎?与朋友交而不信乎?传不习乎?"(《论语·学而》)"见贤思齐焉,见不贤而内自省也"(《论语·里仁》)宋明理学用"省察"来表达自省的意思,朱熹说过:"日省其身,有则改之,无则加勉。"(《论语集注》)荀子把自省与学习结合到一起:"君子博学而日参省乎已,则知明而行无过矣。"(《荀子·劝学》)自省这一修身方法,是自我意识能动性的表现。自省不仅是自我批评,也是自我肯定。通过反省,弥补不足,发扬长处。

慎独既是修身的方法,也是修身的境界,出自《中庸》:"道也者,不可须臾离也,可离非道也。是故君子戒慎乎其所不睹,恐惧乎其所不闻。

第六章　中国传统文化融入高校思政课社会主义核心价值观教育的时代意蕴

莫见乎隐，莫显乎微，故君子慎其独也。""道"是指人顺从本性行事，君子在没人看见、没人听见的地方也是谨慎的、有所戒备的。一个人的品质可以从最隐蔽、最细微的言行上看出，所以，君子要学会慎独。在现实生活中，能看到这样的现象：有交警执法时，行人就遵循交通规则，一旦路口无人值守就乱闯红灯；在公共场合讲究卫生，独自一人时就乱丢垃圾，随地吐痰；有领导视察就认真工作，没有人监督就开小差。这样的例子还有很多，这些都背离了慎独的初衷。所以，我们在独处时也要表里如一，严格要求自己，遵守道德准则。道德准则的遵守，应该靠的是内心的自觉，这种自觉是因为我们将道德准则内化为心中的信念。不论是在公开的事情上，还是在处理私人的事情上，我们都能坚定内心的信念，不做违背道德的事。充分挖掘中华优秀传统文化中蕴含的修身方法，对开展大学生社会主义核心价值观教育以及提升其思想道德水平具有重要意义。

3. 知行合一的实践方法

知与行的关系问题历来是我国哲学家探讨的重点，关于二者的关系问题，许多哲学家给出了自己的观点：有的提出"知难行易"，认为认知是困难的，实践是容易的；有的提出"知易行难"，认为认识事物是容易的，但是践行起来是困难的；有的认为对一件事物的认知建立在实践的基础上，所以应该先实践后认知，即"知后行先"；还有的认为只有先认识问题才能解决问题，即"知先行后"。朱熹继承并发展了程颐的"须是识在所行之先"（《二程遗书》）的观点，认为知行二者都不可偏废，但在谈及知与行的关系问题时，朱熹强调"知先行后"，二者的次序是不能颠倒的。程朱理学的知先行后说将知行分为两截，造成了重知轻行的问题。王阳明为了纠正程朱理学的偏差，提出了知行合一这一哲学思想。在我国思想史上，王阳明的知行合一哲学思想首次将知与行统一起来。知行合一有两层含义：第一层含义是知行二者互为表里，不可分割。第二层含义是知行应统一起来。知行合一是关于古代哲学认识论和实践论的命题，也是马克思主义哲学提到的认识与实践的辩证关系问题。

知行合一这一哲学思想，是经历了几千年的历史沉淀凝结出来的精髓，对现在仍有教育意义。高校应将知行合一思想与大学生社会主义核心价值观教育相结合，提高大学生的思想认知，鼓励大学生积极参与实践活动，既

155

中国传统文化融入高校思政课社会主义核心价值观教育研究

要注重"知"的引导,也要强调"行"的重要性,真正做到知与行的统一,提升大学生对社会主义核心价值观的认同感,从而自觉践行社会主义核心价值观。

三、新时代大学生社会主义核心价值观教育的新要求

社会主义核心价值观作为社会主义思想体系的内核,具有引领社会思潮和凝聚社会共识的功能,其自身并不是封闭固化的,而是一个始终蕴含时代特征、反映时代变迁、回应时代呼唤的观念系统。[①] 新时代为大学生核心价值观教育注入新的目标、理念、内涵和要求,集中体现在习近平总书记关于推进社会主义核心价值观教育的重要论述中。梳理、总结、阐释这些重要思想,明确其在新时代的意义与指向,既对当代大学生应该具备哪些核心价值素养作出总体性规定,又为新时代核心价值观教育问题的研究提供方向性指引。

(一)重点群体

习近平总书记将青年学生作为培育和践行社会主义核心价值观的重点人群之一,指出全社会要关心和帮助青少年的健康成长,并且用"扣子论"比喻价值观的培育,强调高校思想政治工作的使命是"用社会主义核心价值观教育学生,引导他们扣好人生的第一粒扣子"[②]。当代大学生是受过高等教育的、富有理想抱负和知识文化的优秀青年群体,对他们进行价值观教育,不仅可以起到奠定其未来人生发展"压舱石"的作用,而且对于引领时代浪潮、塑造时代新人能够起到"风向标"的作用。

其一,青年大学生处于人生发展的重要阶段。关心爱护青年的成长是我们党和国家的历来传统,青年作为党和人民事业发展的生力军和先锋队,是实现各个历史时期历史使命的重要力量。首先,青年大学生正处于价值观塑造的关键期。习近平总书记对青年的关心和期望是建立在正确认识和

---

① 王学俭,李东坡. 社会主义核心价值观研究述要[J]. 思想政治教育研究,2013,29(04):18–24.
② 中共中央文献研究室. 习近平关于青少年和共青团工作论述摘编[M]. 北京:中央文献出版社,2017:38.

第六章　中国传统文化融入高校思政课社会主义核心价值观教育的时代意蕴

把握青年成长规律基础上的,他用庄稼的成长成熟作喻,把青年大学生所处的人生阶段形象地比作小麦的"灌浆期"①和"拔节孕穗期"②,指出要像培育农作物一样,加以精心教育和正确引导。青年大学生处在人生成长发展的关键阶段,正在迅速走向成熟但尚未成熟,世界观、人生观、价值观正在形成。正是因为青年大学生的价值观塑造尚未定型,容易受各种错误思潮和观点的影响,因此需要高校提供良好的养分和环境。其次,青年大学生正处于能力素养形成的"黄金期"。习近平总书记十分重视学习对青年大学生成长的重要性,认为青年大学生正处于学习的最佳年龄阶段,应该把学习作为一种精神追求、社会责任和生活方式,树立远大梦想,增长成才本领。他号召广大青年要坚持三个"面向",增强学习的紧迫感和责任感,打牢知识基础,掌握服务人民的技能,不断提高适应时代发展和社会要求的素质与能力。青年大学生只有具备了扎实的个人素养,才能肩负起时代赋予的重大使命。最后,青年大学生正处于最富有活力的"创新期"。青年是一个社会中最活跃的群体,他们年轻有为,富有朝气和活力,勇于探索未知领域,富于想象和创新精神。拥有一大批立志为国效力的创新型青年人才,是提升国家创新活力和科技实力的希望所在。习近平总书记期望当代中国青年敢于做时代的先锋,正确面对机遇和挑战,解放思想、开拓进取,把个人追求同国家、社会的发展紧密结合起来,在创新创业中提高本领、服务人民。

其二,新时代青年大学生肩负的历史使命。青年大学生作为国家和社会的宝贵人才资源,在发展党和人民事业与实现中华民族伟大复兴的征程中,发挥着中流砥柱的作用。一方面,做社会主义事业建设者和接班人,是新时代大学生应担之历史责任。2018年9月,习近平总书记在全国教育大会上把"培养什么人"的首要问题,作为新时代教育工作的根本任务。这也意味着新时代大学生社会主义核心价值观教育必须坚持党的领导,坚持正确而坚定的政治方向,把培养社会主义事业的建设者和接班人作为时代目标和中心任务。广大青年只有坚定地团结在党中央周围,坚信不疑地

---

① 中共中央文献研究室. 习近平关于青少年和共青团工作论述摘编[M]. 北京:中央文献出版社,2017:37.

② 习近平. 论党的宣传思想工作[M]. 北京:中央文献出版社,2020:372.

中国传统文化融入高校思政课社会主义核心价值观教育研究

听党话、跟党走，才能为国家富强、社会进步和个人发展作出更多更大的贡献。今天的青年大学生，可能不需要经历祖辈父辈那样的冲锋陷阵、艰苦创业，但每一代青年都要面对历史的问卷，新时代大学生只有更加紧密地团结在以习近平同志为核心的党中央周围，热爱和拥护中国共产党，立志做中国特色社会主义事业的建设者，才能确保党和人民的事业薪火相传，确保中华民族永续发展。另一方面，为实现中华民族伟大复兴而接力奋斗，是新时代大学生应负的时代使命。每一代青年都有自己的历史际遇和机缘，他们是标识时代的"晴雨表"。青年大学生是实现中华民族伟大复兴的生力军和先锋队，他们的成长离不开时代发展的大背景。新时代大学生也要结合自己所处的历史方位和时代条件，为社会、为国家作出自己的贡献。以习近平同志为核心的党中央对当代中国青年寄予殷切期望，新时代为青年大学生的爱国情、强国志、报国行提供了广阔舞台和无限机遇。青年大学生应将个人的成长同党和人民的事业、同新时代的责任使命紧密联系在一起，在为中华民族伟大复兴而奋斗的实践中实现青春梦想和人生价值。

（二）目标指向

高校在培养社会主义建设者和接班人这一根本任务时，要在坚定理想信念、厚植爱国主义情怀、加强品德修养、传承民族文化、增长知识见识、培养奋斗精神等方面下功夫，成为新时代大学生社会主义核心价值观教育具体的目标指向。

其一，以"梦"引人，加强马克思主义的理想信念教育。新时代大学生社会主义核心价值观教育首先应加强马克思主义理想信念教育。"中国梦的宣传和阐释，要与当代中国价值观念紧密结合起来。"① 可以说，社会主义核心价值观作为一种信仰，存在于当下现实社会生活之中。在社会主义核心价值观中，富强、民主、文明、和谐等国家层面的价值理想，是对整个国家发展的共同愿景，主要体现着理想信念的导向作用；自由、平等、公正、法治等社会层面的价值取向，是对未来美好社会的生动表述，主要体现着理想信念的凝聚作用；爱国、敬业、诚信、友善等个人层面的价值

---

① 习近平. 习近平谈治国理政（第一卷）[M]. 北京：外文出版社，2018：161.

第六章 中国传统文化融入高校思政课社会主义核心价值观教育的时代意蕴

标准,是每一位公民的共同道德遵循,主要体现着理想信念的规范作用。面对新时代、新使命、新征程,大学生社会主义核心价值观教育的首要着力点,就是要筑牢和夯实大学生对中国特色社会主义这个共同理想的坚定信仰,因为这是中国共产党带领全体中国人民,历经艰难险阻找到的、被历史证明了的、实现国家富强、人民幸福的正确道路。因此,社会主义核心价值观教育要以培养担负民族复兴大任的时代新人为重要职责,引领新时代大学生树立正确的理想目标,以坚定的信念支撑人生航向,在中国梦的伟大实践中实现对生命的价值追求。

其二,以"德"养人,重视道德修养与道德建设。社会主义核心价值观三个层面的内容,分别对应着"明大德、守公德、严私德"[①]的道德价值。具体说,所谓大德,指的是报效祖国、服务人民的高远志向,"明大德"与"富强、民主、文明、和谐"的价值目标相对应。就是要求从国家和人民的根本利益出发,以国家目标为奋斗理想,把建设富强民主文明和谐美丽的社会主义现代化国家作为我们的目标和责任。所谓公德,指的是维护社会团结和谐、安定有序的道德准则,"守公德"与"自由、平等、公正、法治"的价值取向相对应。就是要求我们遵循社会公共生活和交往中的道德行为尺度,主动承担社会责任和道义,遵守社会公德,维护公共秩序,促使社会良好道德生态的形成。所谓私德,指的是每个社会成员个体的道德修养、品质作风、行为习惯等,"严私德"与"爱国、敬业、诚信、友善"的价值规范相对应。就是要求我们在日常生活和行为中做到慎独慎微,崇德向善,摒弃种种陋习和恶习,做好小事、管好小节,"不以恶小而为之、不以善小而不为"(《三国志·蜀志传》),加强公民个人的道德修养。当前,高校应按照《新时代公民道德建设实施纲要》的要求,以社会主义核心价值观为引领,将国家、社会、个人三个层面的价值规范贯穿到大学生道德建设的各方面,以主流价值观建构道德规范、强化道德认同、指引道德实践,引导新时代大学生"明大德、守公德、严私德"。

其三,以"文"化人,注重中华优秀传统文化的育化。中国传统文化所倡导的人生进修的"八目",即格物、致知、诚意、正心、修身、齐家、

---

① 习近平. 习近平谈治国理政(第四卷)[M]. 北京:外文出版社,2022:32.

治国、平天下，正好对应了社会主义核心价值观个人层面、社会层面、国家层面的价值规范，因此，培育和践行社会主义核心价值观要从中华优秀传统文化中汲取养分和智慧。在当前经济全球化的大背景下，中华传统文化在与世界多元文化的交往交流交锋中，遭遇到各种社会思潮和价值观念的挑战。一些人热衷于"去中国化""去价值化""去历史化"，他们不再遵循仁义礼智信、温良恭俭让的传统道德准则，折射出中华传统文化在现代化进程中正逐步丧失其优越性和主导地位。强化新时代大学生的中华优秀传统文化教育迫在眉睫。"要讲清楚中华优秀传统文化的历史渊源、发展脉络、基本走向，讲清楚中华文化的独特创造、价值理念、鲜明特色，增强文化自信和价值观自信。"① 当前，大学生社会主义核心价值观教育中的一个重要方面，就是要继承和阐发好传统文化中"讲仁爱、重民本、守诚信、崇正义、尚和合、求大同"②的价值理念，在具体方法上还需要注重中华优秀传统文化与新时代的对接转化，践履以文化人的时代责任。

其四，以"网"育人，营造风清气正的网络空间。伴随现代信息技术的飞速发展和网民人数的不断增加，互联网对大众，尤其是青年大学生的求知途径、思维方式、价值观念和行为规范的影响愈发明显。网络具有的开放性、平等性和便利性等特点，使它迅速成为人们，特别是青少年学习知识、搜集信息、娱乐消遣的主要方式，但同时网络所具有的复杂性、虚拟性和弱可控性又广泛影响着人们的思想观念、道德心理和价值取向等。为此，习近平总书记十分重视网络阵地的建设，强调要加强网上正面宣传，创新网络宣传的理念、内容、形式和手段等，加强网络空间治理，让科学知识、正确舆论和先进文化充盈网络空间，营造积极健康、向善向上的网络文化，为广大网民特别是青少年营造"一个风清气正的网络空间"③。网络空间的净化，需要我们确保正确的政治方向、舆论导向和价值取向，发挥好网络文化的价值引领、思想渗透、文化传承和实践教育的育人功能，用实现中华民族伟大复兴中国梦这个"同心圆"来凝心聚力、形成共识。

---

① 习近平. 习近平谈治国理政（第一卷）[M]. 北京：外文出版社，2018：164.
② 习近平. 论党的宣传思想工作[M]. 北京：中央文献出版社，2020：347.
③ 习近平. 习近平谈治国理政（第二卷）[M]. 北京：外文出版社，2017：337.

第六章　中国传统文化融入高校思政课社会主义核心价值观教育的时代意蕴

其五,以"行"立人,强化价值实践的养成。"道不可坐论,德不能空谈。"[①]社会主义核心价值观的培育和践行,要做到知行合一,才能内化于心,外化于行。培育社会主义核心价值观,不仅需要思想意识上的认知和认同,更需要在生活实践中去体验和领悟,强化价值信念,自觉践行价值规范。其最高要求,就是要做到知行统一。这关键在于实践,脱离了实践,培育和践行就会成为水月镜花。社会主义核心价值观教育的目的和归宿在实践、在践行,要通过国家倡导、社会引领、个人养成把核心价值观的内涵和规范渗透到社会实践和日常生活的各个角落,使其像空气一样无处不在、无时不有。同时,社会主义核心价值观的养成和践行非一日之功,需要经过一个较为长期的实践过程和复杂的内心转化过程,有时还可能多次反复,最终才能形成坚定不移的信念,做到自觉笃行。毫无疑问,社会主义核心价值观与每位大学生的社会实践和日常生活息息相关,需要从生活的细处、小处、实处抓起、做好,引导他们自觉培育和践行,将其作为自己做人做事的立身之本,真正落实到实践、见之于行动。

---

① 习近平. 习近平谈治国理政（第一卷）[M]. 北京：外文出版社,2018：173.

中国传统文化融入高校思政课社会主义核心价值观教育研究

第七章 立足中华优秀传统文化推进高校思政课社会主义核心价值观教育的实践路径

高校要以习近平新时代中国特色社会主义思想为指导,贯彻落实党的教育方针,完善思想政治教育体系,助力新时代大学生担负文化传承与弘扬重责。培育大学生树立社会主义核心价值观,既是新时代发展的要求,也是国家发展的需要。只有促进思政课与中国精神有效衔接,梳理中华优秀传统文化与思政课融合规律,才能取得更好的育人成效,为中国梦的实现输送高素质人才。高校应勇于迎接挑战,积极提升新时代大学生的文化自信与制度自信,推动办学实力与办学水平的提升,助力社会主义现代化强国建设。

一、中国传统文化融入高校思政课社会主义核心价值观教育的原则

(一)主体性原则

素质教育倡导尊重学生主体地位,以人为本,坚持主体性原则,有利于教育机制的完善。只有以大学生为主体,激发其主观能动性,才能助力新时代大学生自主学习。高校需强化对大学生专业以及大学生个性特点的全方位剖析,既要引导大学生感受传统文化魅力,又要确保大学生在学习过程中发挥个人力量。每个大学生都是单独的个体,只有其充分了解传统文化的魅力,才能产生文化归属感。坚持主体性原则,应采用大学生喜闻乐见的教育方式,助力思政课改革,激发其内在潜能,促进其全方面发展。

第七章　立足中华优秀传统文化推进高校思政课社会主义核心价值观教育的实践路径

大学生的自我教育能力提升既可为构建终身学习型社会奠定基础，又能确保大学生成为中华优秀传统文化的传承者与弘扬者，助力其在传承传统文化的同时提升思想政治素养。

（二）渗透性原则

借助多元化教学载体，提升传统文化感染力，既有助于中华优秀传统文化融入思政课，也有利于大学生全方位感受传统文化的价值。剖析传统文化的多重效能，提升思想政治教育工作的人性化与系统化，拓展优秀传统文化的育人价值，既能使大学生利用多元化思维强化对传统文化的理性分析，又能促进隐性教育与显性教育有机融合。思政课是一项系统性工程，传统文化在思政课中的融入是一个漫长的过程，只有循序渐进地融入优秀传统文化，为大学生营造良好学习环境，才能助推大学生感受传统文化的包罗万象，使大学生树立高洁品质。大学生是祖国的希望与未来，只有利用丰富的传统文化作为支撑，创新思政课的教学方法，根植于中华沃土构建具有我国特色的高等教育体系，才能真正推动青大学生系统性发展。坚守渗透性原则时需尊重客观规律，只有了解优秀传统文化的多元化内涵，才能赋予思政课鲜明特征，从而对教育格局进行全新规划与部署。依托于中华优秀传统文化拓展思想政治教育平台应坚守渗透性原则，既能提升思想政治教育的层次性，又能在思政课创新与改革时确保传统文化与思政内容的全方位融合。

（三）方向性原则

传统文化融入思政课要坚守方向性原则。坚守方向性原则就要以社会主义核心价值观为引领，为大学生创建良好教育语境，构建贴近时代语境的教育模式。坚守方向性原则，要明确传统文化的价值，依据教育发展规律提升融合的灵活性，基于不同学生个性特点展开不同的教育内容，帮助大学生树立伟大理想和目标。中华优秀传统文化是民族发展的根和魂，文化作为振兴民族的希望源泉，在国家发展中留下了鲜明的印记。坚守方向性原则，要坚持社会主义核心价值观，真正传承传统文化的精髓内容。抵御各种错误思潮，为培养优秀的社会主义建设者和接班人提供助力。

二、中国传统文化融入高校思政课社会主义核心价值观教育需要处理的主要关系

立足中华优秀传统文化，推进高校思政课社会主义核心价值观教育要取得成效，并最终实现其内化于心、外化于行，"日用而不觉"[①]的目标，就需要在教育中处理好培养什么人和怎样培养人、理论认知与实际践行、有形环境和无形环境、他人教育和自我教育这几对重要关系。

（一）培养什么人与怎样培养人的关系

欲成才先成人。大学生社会主义核心价值观教育中教育目标的确立和教育途径的实施是需要处理的首要关系。培养什么人是大学生核心价值观教育的根本出发点，怎样培养人则是大学生核心价值观教育的最终落脚点。

第一，德育为先，实现高校立德树人的教育目标。新时代高等教育的目标是培养能担当民族复兴大任，德智体美劳全面发展的社会主义建设者和接班人。对于这一目标的实现，应从道德教育入手，通过对社会主义核心价值观的教育，使大学生从理论认知、情感认同和行为实践三个方面对社会主义核心价值观有全面深刻的领会与理解，并将其与个人学习生活相联结；培养大学生爱祖国、爱人民，为社会主义服务的使命感和责任心；将大学生的远大理想与知识学习和道德修养相结合，最终将其培养成社会主义的合格建设者和可靠接班人。

第二，坚守社会主义路线，全面贯彻、落实党对教育事业的正确领导。国家之强在青少年，青少年之强在教育，因此要将教育对国家发展所起的关键作用提升至一个较高的位置。对处于新时代的中国来说，教育的作用不仅是教授知识、传播思想、弘扬真理、塑造灵魂，更重要的使命是为中华民族伟大复兴而贡献力量，始终坚持社会主义教育，牢记教育的根本使命是为人民服务、为中国特色社会主义制度服务、为改革开放和社会主义现代化建设服务。对于培养什么人和怎么培养人，就必须在高校思想政治教育中，尤其是高校对青年大学生的意识形态教育中，坚持以习近平新时代中国特色社会主义思想为指导，将立德树人作为高校社会主义核心价值

---

① 习近平. 习近平谈治国理政（第一卷）[M]. 北京：外文出版社，2018：171.

第七章 立足中华优秀传统文化推进高校思政课社会主义核心价值观教育的实践路径

观教育的根本目标。

（二）理论认知与实际践行的关系

力行而后知之真，只有经过实践，才能对所学知识有更深刻和准确的领悟。"知"是人的大脑和思维对知识进行理解和加工的一个过程，"行"是指将所学知识在内化的基础上于行为之中体现出来；理论认知是对知识的学习与接受，是教育中的第一步和基础；践行是对知识的实践，是教育的结果和最终落脚点。有人把认知比喻为人的眼睛和耳朵，践行则是人的一双脚，多闻多见使人们获得对理论知识的认知，迈开脚步则是对所学知识的实践。

对于"知"与"行"的关系，有行先于知、知先于行两种认识，但这两种认识都存在一定的偏颇性，如果只有"行"没有"知"不免出现"学而不思则罔"，但如果只有"知"没有"行"则会出现"思而不学则殆"，因此普遍认可的是"知行合一"。人们在生活中就会不断地对周边事物进行感知和学习，同时也在进行着相关活动的体验，即在认知的过程中有对践行的思考，在践行的过程中也有对认知的深化。知中有行，行中有知，相互统一、紧密联系。

在大学生社会主义核心价值观教育中，需要正确处理理论认知和实际践行的关系，不能只偏重认知而忽视实践，更不能在没有理论认知的基础上去"空"实践，而是要齐头并进、共同发挥作用。因为认知是基础，践行是结果，两者共同作用可以对大学生社会主义核心价值观教育起到促进发展、增强学习效果的作用，亦可以更快速和高效地实现教育的根本目标。

（三）有形环境与无形环境的关系

环境对教育起着"润物于无声""潜移默化"的作用，因此要在社会主义核心价值观教育中发挥环境影响人、塑造人的重要作用。对于社会主义核心价值观的培育和践行，要抓住各种能利用的机会和场合，以形成一种对社会主义核心价值观的培育与弘扬起积极作用的生活情景和社会氛围，要使其像空气一样充盈在整个社会中，让人们时时处处都能感受到社会主义核心价值观的存在。

教育环境有有形环境和无形环境之分。在生活或学习中通过各种感官

中国传统文化融入高校思政课社会主义核心价值观教育研究

能直接看到或接触到的为有形环境，具有外显性和可塑性，是能依照教育需求进行加工和调整的物质性实体，能对大学生起到陶冶心灵和塑造精神的作用，如校园里的基础设施、人文建筑和规章制度等。无形环境则是不一定能直观看到或接触到，但在不经意间可以使大学生体会和感受到，并能对其产生较大的影响，起到感染、熏陶、调节和促进等作用，如校园的校风、校训等精神文化建设。

校园里的有形环境和无形环境是内在协调、相互统一的，有形环境是对无形环境影响的承载和显现，无形环境是对有形环境影响的进一步渲染与深化。在大学生社会主义核心价值观教育中，有形环境对教育的影响是比较直观和明显的，而无形环境对教育的影响往往容易被忽视掉，因此在教育中需要处理好有形环境和无形环境的相互协调关系：不能只重视对学生能看到的环境进行布置，也应该对能熏陶学生情感、引导学生价值取向的无形环境加以重视，充分发挥有形环境和无形环境相互补充作用，使其相得益彰。

（四）他人教育与自我教育的关系

自我教育是指个体在整个社会的发展过程中，结合自我意识形成和发展的状况，在教育者的引导、社会的要求和自我发展的需求下，作为一个教育主体的同时，也把自己当成教育的客体，通过有目的、有计划地进行思想转换和行为控制，以自我认知、自我实践和自我控制等途径，来对个人的道德素质与修养进行提升和完善的一种教育活动。在道德教育中，自我教育是指受教育者对于一切所学知识的主体性和自觉性体现，即对于外在客体实施的一切教育内容和活动。大学生从内心对其持肯定看法并愿意认可和接受，通过学习将其内化为个人思想、外显为外在行为，才是真正的自我教育。他人教育是指除个人自我教育之外的一切教育，包括社会、学校和家庭教育。

对于他人教育和自我教育的关系，一般认为自我教育是与他人教育相并列的一种教育，两者均属于教育中的一部分。在大学生的学习过程中，根据个人对所学知识的理论认知和情感认同程度，是可以将他人教育或外部教育转变为自我教育，同时自我教育也可以对他人教育起到促进作用，

第七章 立足中华优秀传统文化推进高校思政课社会主义核心价值观教育的实践路径

两者是互相促进发展,共同发挥作用。在大学生社会主义核心价值观教育中,要处理好自我教育这个内在因素和他人教育这个外在因素的协调关系,不能只抓其中一个方面,应将自我教育和他人教育相互结合,使其相互促进,从而实现新时代大学生社会主义核心价值观的实效性教育。

三、遵循大学生心理接受规律

融入教育的主体是大学生,这就要求施教者必须尊重大学生的心理接受规律。一要掌握教育主体的需要规律,激发大学生接受融入教育的动力;二要发挥教育主体的互动规律,增加大学生接受融入教育的参与感;三要剖析教育主体的认同规律,提升大学生接受融入教育的归属感。

(一)需要驱动律:需要感是融入的基础

作为社会主体认识活动和实践活动的出发点,需要感是开展融入教育的基础。需要驱动律是指在融入过程中,要掌握融入教育的主体对内容的接受度以及这种接受度对个体行为动力的影响和发展规律。只要激发教育对象对经典思想、价值理论、优秀传统文化等内容与信息的需要,使他们产生接受愿望和期待心理,就可以顺利启动融入教育。

在融入教育活动中,教育对象的接受需要不仅关系到融入教育能否顺利启动,还直接影响着融入教育的方向与结果。当物质欲望得到满足时,愈来愈多的人开始追求精神的富足,渴望充实自己的精神世界,对中华优秀传统文化信息的需要越来越强烈。这些强烈的精神需要成为一种强大的内驱力,使人们在心理上形成强烈的接受期待,积极主动地去寻找精神文化产品,自觉自愿地接受精神文化教育,充实和丰富自己的精神文化生活。融入教育作为一种有目的的认识活动和实践活动,是融入价值观教育的驱动力。有需求,才会有教育;有需要,才应该有融入。融入教育的关注点应该在融入教育内容的需要和主体发展需要的衔接点上,既要在处理好融入需要与发展需要的关系上下功夫,还要在满足理论需要和现实需要上施本领。

（二）多向互动律：参与感是融入的核心

多向互动律是在融入教育过程中，大学生与其他教育因素之间产生关系。这种关系既包括大学生对教育内容的掌握、反馈和执行机制，也包括大学生与融入教育者之间的对话、沟通和理解机制，还包括教育内容及教育主体针对大学生主体所产生的变更、调整和适应机制。教育者与受教育者以及各种媒介和环境之间的互动影响意味着对话、参与和反馈的互相建构。

首先，创建对等交流平台。对等不是平等，如果过分强调师生主体地位的平等性，教师将会在融入教育中失去主导权。大学生和教师的关系是相互对等和尊重的关系，教学本身就是教师"教"与学生"学"的对等状态，这种引导过程是自上而下的。唯有明晰这一点，对等的交流平台才得以创建。师生交流平台的创建要实现主体地位和交流共建上的对等。

其次，构建双向对话机制。对话是互动的前提，有效对话是构建机制的有力保障。双向对话机制既可以了解融入教育的成效，也可以及时调整融入教育中出现的问题。只有从对话中了解学生需求，从机制中厘清对话思路，才能构建双向对话机制。

最后，落实教育反馈理念。教育反馈是实现参与感的有效途径，有教学、有反馈是融入教育实效性的最佳体现。积极落实教育反馈理念有利于规范融入教育的反思和反省过程，有利于增强大学生在融入教育中的参与感，有利于调整融入教育的内容和方式，使融入教育形成双向循环机制。平台的创建、机制的构建、理念的落实为大学生获得参与感提供了保障。

（三）认同接受律：归属感是融入的动力

认同接受律是指在开展融入教育之前，大学生和教师都认同其存在且发展，并在融入教育过程中发挥基础作用，使大学生能够接受融入教育的内容、方式及行为，贯穿融入教育始终的规律。大学生仅是"知道"某些价值观，并不代表他们真正树立了这种价值观，价值观的关键在于主体的认同与践行。

首先，要实现大学生利益认同。掌握大学生的利益诉求是落实认同接受律的基础，引导和实现大学生自身发展的利益，明确大学生定位，理清

第七章　立足中华优秀传统文化推进高校思政课社会主义核心价值观教育的实践路径

大学生责任。比如，开展日常思想政治教育应从现实需要出发，深入了解大学生的需求；结合学生档案和信息对比分析学生所需，在做好保密工作的前提下，偶尔开展谈心谈话工作，掌握学生的心理规律，了解学生的利益诉求。

其次，要实现大学生理性认同。让大学生在思考、比较、判断的基础上对价值观内容作出合理的选择，从而对个体素质和行为有整体认知，对融入教育有对比思考。理性认同的实现，离不开学校的课堂教育和实践活动教育。因为价值观不是与生俱来的，价值观的选择需要一定的引导教育来促成。只有学校和家庭形成合力，才能引导大学生选择合理的价值观，形成理性认同。

再次，要实现大学生情感认同。意识的基本形式是情感，是社会活动的内在动力。情感是融入教育必须培养的质素，而面对无法量化的思想和情感，融入教育必须在整体上做到全面，在细节上做到感化。融入教育只有从情感上打动学生，才能增进大学生的归属感。

最后，要实现大学生价值认同。价值认同是认同接受律的终极目标，也是融入教育的最终追求。学生对自身行为有用性的认可，是价值认同的本质体现。只有从利益—理性—情感—价值四个层次相继递进，才能使大学生从融入教育中获得归属感，激发融入教育的动力。

四、充分发挥思政课主渠道作用

思政课是高校开展大学生思想政治教育的主要渠道，是高校将立德树人根本任务落地生根的重要载体，是大学生树立科学价值观念、提升思想道德觉悟的关键课程。思政课要善于借助中华优秀传统文化的精神资源，进一步抓好马克思主义理论教育，同时也要针对新时代大学生特点和社会发展主题创新教学内容和方式方法。将中华优秀传统文化富有创造性地融入高校思政课，就要做到理论化融通、趣味化融合、差异化融入，使思政课讲得有底蕴、有意思、有效果，让思政课更具透彻性、亲和性、针对性。

（一）理论化融通

中华优秀传统文化融入思政课的基础是做好理论化融通。"我们必须坚定历史自信、文化自信，坚持古为今用、推陈出新，把马克思主义思想精髓同中华优秀传统文化精华贯通起来、同人民群众日用而不觉的共同价值观念融通起来，不断赋予科学理论鲜明的中国特色，不断夯实马克思主义中国化时代化的历史基础和群众基础，让马克思主义在中国牢牢扎根。"①"原理"课程是高校思政课的基础。做好理论化融通，关键就是在思政课尤其是"原理"课程讲授中，讲透马克思主义基本原理与中华优秀传统文化中儒家思想的融通。马克思主义之所以能成为我国主流意识形态并为社会民众接受和认同，很大程度上是因为马克思主义哲学蕴含的思想精华与儒家哲学思想有融通之处。历数西方哲学体系中诸多哲学流派，除了马克思主义哲学外，尚未有哪一个思想流派与儒家学说契合得更为紧密，而且在辩证唯物主义、历史唯物主义方面体现得更为明显。在"原理"课堂上可以尝试从实践观、人学观、社会观、自然观、历史观和辩证法等六个方面讲述和阐发中华优秀传统文化，尤其是儒学思想与马克思主义哲学的融通理路，用具有民族文化意蕴的形式和传统文化精神的内涵去理解和阐释马克思主义的基本原理和深刻哲理。

（二）趣味化融合

思政课是思想政治理论教育最直接的实现方式和教育途径，也是高校开展思想政治教育的主要渠道。目前，思政课因更多强调课堂教学、理论讲授、思想灌输，出现了一些学生学习兴趣不浓、教育效果不佳等现实困境。这也就需要从教学内容、教学话语以及教学方式上给予及时调整和优化。思政课应该成为学生开心学习、热情参与、快乐成长的智慧课堂。中华优秀传统文化真正有效地融入思政课，就要增强趣味化融合，做到故事性嵌入、话语性转化、方向性正确，实现理论化和趣味化的有机统一，让有意义的理论变得更加有意思。

---

① 习近平. 高举中国特色社会主义伟大旗帜 为全面建设社会主义现代化国家而团结奋斗——在中国共产党第二十次全国代表大会上的报告（2022年10月16日）[M]. 北京：人民出版社，2022:18.

第七章　立足中华优秀传统文化推进高校思政课社会主义核心价值观教育的实践路径

（三）差异化融入

中华优秀传统文化融入思政课的关键是做好差异化融入。"思想政治理论课要坚持在改进中加强，提升思想政治教育亲和力和针对性，满足学生成长发展需求和期待，……"[①]思政课如何做好改进也是思想政治教育实现高质量发展的重要课题。中华优秀传统文化差异化融入是提升思政课针对性的有效方式，一方面要做到融入教学内容的差异化，另一方面要做到融入教育对象的差异化。这样可以更好地增强思政课的育人实效。

（四）开展"三进"工作

"三进"工作的基础是进教材，只有将中华优秀传统文化的精髓编入教材，才能为融入教育的实施提供有效载体。"三进"工作的核心是进课堂，如果只有教材的呈现而缺少课堂的教授，融入教育就会变成为一纸空文。"三进"工作的终极目标是进头脑，唯有让学生熟记并掌握融入教育的内容，用理解到的理论体系来武装头脑、指导实践，才能发挥融入教育的作用，使"三进"工作的三个阶段环环相扣，形成合力。目前，大学生头脑中形成的观点、见解尚处于一般感性认识阶段，即明确知道甚至可以大谈社会主义核心价值观的概念、内涵，乃至逻辑体系，但尚未建构稳定、牢固的理论体系，尚未明确核心价值观的内在逻辑，尚未感知社会主义核心价值观中中华优秀传统文化的存在。因此，实现"教材—教学—知识信仰"层层递进的体系，是思政课教学的首要目标。

首先，要增强课程的针对性和实效性。针对不同学科专业的学生，结合其专业需要背景，调整课程内容，把道理讲透彻。教育部哲学社会科学系列发展报告显示，不同类型学校的学生对中华优秀传统文化和社会主义核心价值观的认知度也是不同的。[②]因此，开设的课程不能仅从文科角度出发，而忽视其他专业学生的教育背景。应该以学校各个专业的不同为参照坐标，不断调整融入教育的内容，实施因材施教，提高融入课程的针对性及实效性。

[①] 习近平. 习近平谈治国理政（第二卷）[M]. 北京：外文出版社，2017：378.
[②] 沈壮海. 中国大学生思想政治教育发展报告（2018—2019）[M]. 北京：北京师范大学出版社，2020：80.

中国传统文化融入高校思政课社会主义核心价值观教育研究

其次,要提高课程的吸引力和感染力。应从融入教育的思想性入手,把正确的理论融于趣味性当中,增添融入教育的吸引力。具有趣味性的新事物是有一定吸引力的,教师可以在课程教育过程中,融入新科技元素来吸引学生的注意。比如用百度百科来搜索"数字博物馆",动动手指就能感受历史气息,将数字资源用足、用好。

最后,要统一课程的情理性和理论性。教师要把"大道理"讲到学生心坎里,这个"大道理"就是社会主义核心价值观的内涵以及与之相耦合的中华优秀传统文化价值观的逻辑关系。在统一课程的情理性和理论性的同时,一定要注意避免理论说教的出现。

由此看来,在开展中华优秀传统文化的融入教育时,应该善于运用理论知识来启发、激励学生,重视理论思维的教学,提高学生理论逻辑能力;应该善于借助真理力量和情感共鸣来指导和感化大学生,让价值观教育从教材中活跃到课堂上,从课堂上渗透到头脑里,提升大学生的道德素质和理论修为,促使理论知识转化为实践成果。

(五)教材、案例、原著三位一体

实现教材、案例、原著三位一体是中华优秀传统文化与现代文化有效衔接的首要问题。这就要求融入教育必须实现教材、案例、原著三位一体。第一,结合当下新时代新思想新要求,从中华优秀传统文化中精准选取适合融入的经典著作,以现实的视野和解读的视域编纂教材,为教学提供理论支持。第二,将精准选的融入内容以经典案例方式呈现,以研发案例—讲述故事—阐明道理的逻辑叙述形式,增添融入教育的趣味性和丰富融入教育的内容。同时,也可以让大学生自己讲,以布置一个价值观要求、查阅一个中华优秀传统文化故事、讲述一个传统与现代耦合的逻辑的形式,激发大学生的自主性和研究力,加深融入教育内容的印象。第三,教师要坚持一手文献教育,挖掘中华优秀传统文化原著资源。中华优秀传统文化中某些原著晦涩难懂,使大学生望而生畏。教师要引导大学生读原著、品原著、析原著,提高传统经典文献的完整阅读率,实现融入教育的真理性和客观性。

教材、案例、原著三位一体的教学形式不仅可以有效落实融入教育工作,

第七章　立足中华优秀传统文化推进高校思政课社会主义核心价值观教育的实践路径

而且还可以活化中华优秀传统文化资源。当然，融入教育并不是弱化甚至取代社会主义核心价值观的内容，而是将中华优秀传统文化作为丰富社会主义核心价值观的"注水管"，丰富其内容，使其更具说服力和合理性。

五、构建"大思政"课程与教学体系

习近平总书记对高校思想政治工作提出"用好课堂教学这个主渠道"①的要求。思想政治理论课首当其冲，是立德树人的主战场，应加强改革创新，满足大学生成长发展的需求和期待。"其他各门课都要守好一段渠、种好责任田，使各类课程与思想政治理论课同向同行，形成协同效应。"②对大学生进行社会主义核心价值观教育而言，高校思政课是"主阵地"，其他各门课程是分会场，共同构建"大思政"课程与教学体系，打造思政课程与课程思政相融并进、显性教育与隐性教育相得益彰的育人体系。

（一）思政课程与课程思政

高校要充分挖掘所有课程的育人资源，以社会主义核心价值观为切入点和连接点，既发挥好思政课的主战场作用，同时结合其他专业课、公共基础课、通识课等课程的特点，巧妙地融入思想政治教育和社会主义核心价值观教育，注意点、面结合，共同承担起培育大学生社会主义核心价值观的职责，实现思政课程和课程思政的协同效应。

1. 思政课程

思政课程是指高校思政课的教育教学，它是对大学生进行社会主义核心价值观教育的主渠道。思政课的教育教学在个体层面上要培养德智体美劳全面发展的人，在社会层面上要培养为人民服务的人，在国家层面上是要培养社会主义现代化事业的建设者和接班人，这与社会主义核心价值观"三个倡导"的价值目标契合一致。思政课"是进行社会主义核心价值观教育、

---

① 习近平. 习近平谈治国理政（第二卷）[M]. 北京：外文出版社，2017：378.
② 习近平. 习近平谈治国理政（第二卷）[M]. 北京：外文出版社，2017：378.

帮助大学生树立正确世界观人生观价值观的核心课程"①，必然成为大学生社会主义核心价值观教育的主要载体，在课堂教学、实践教学、课外活动、社会实践等各个环节，有机融入社会主义核心价值观的教育和引导，以培养时代新人为目标，不断推进和深化教育教学改革，切实担负起高校"第一课"的重要责任。

高校思政课以立德树人为立身之本，因此更突出价值导向和意识形态功能。在对大学生传播马克思主义思想、树立坚定信念、形塑世界观、人生观、价值观等方面，思政课具有其他课程无法取代的地位和作用。有研究者通过调研得出，思想政治理论课教育效果显著，对大学生发挥了重要的价值认识和理解作用，被调查群体中有74.0%的大学生认为思想政治理论课教学增进了对社会主义核心价值观的理解。②高校思政课教师要发挥"首席主讲教师"的作用，利用好课堂教学平台，以社会主义核心价值观为轴心，形成"马克思主义基本原理概论""毛泽东思想和中国特色社会主义理论体系概论""中国近现代史纲要""思想道德修养与法律基础""形势与政策"等主干课程相互关联、相互支撑的课程体系，科学设置教学内容和创新教学方法，充分发挥思政课在大学生核心价值观教育中的主渠道作用。

2. 课程思政

课程思政是指除传统的高校思政课这一主渠道外，通过深入挖掘专业课和综合素养课的德育因素和德育内涵，构建思政课、专业课、综合素养课等三位一体的课程体系，实现从思政课程主渠道育人向课程思政全方位育人的转化。在高校设置的课程体系中，思政课只是其中的一部分，在大学生所学课程体系中占主体的专业课也具有科学塑人和价值育人的功效。要把社会主义核心价值观的培育"基因式"地植入所有课程中，做到在知识传授中突出价值引领，在价值塑造中凝聚知识底蕴。

习近平总书记针对当前国内外环境复杂多变、社会思潮纷纭激荡的形

---

① 中央宣传部 教育部关于印发《普通高校思想政治理论课建设体系创新计划》的通知_中华人民共和国教育部政府门户网站 [EB/OL]. （2015-08-11）[2023-09-10]. http：//www.moe.gov.cn/srcsite/A13/moe_772/201508/t20150811_199379.html.

② 王丹. 当代大学生价值观与价值选择状况的调查分析 [J]. 思想理论教育，2018（02）：95-99，105.

第七章 立足中华优秀传统文化推进高校思政课社会主义核心价值观教育的实践路径

势,指出巩固马克思主义意识形态的主导地位、培育和践行社会主义核心价值观,"迫切需要哲学社会科学更好发挥作用"[①]。哲学社会科学专业课教师要凸显课程的社会主义意识形态教育功能,坚持马克思主义的核心指导地位,主动承担起培育和弘扬社会主义核心价值观的职责。自然科学专业课虽然以知识技能教学为主,但科学的发展和技术的应用离不开价值的导向。科学技术作为一种工具,最终是服务于人的,是工具理性和价值理性的统一。只有将社会主义核心价值观与专业知识技能培养结合起来,"道"为体、"术"为用,"道""术"融合,才能培养出德智体美劳全面发展的国家栋梁之材。综合素养课是以培养和提高大学生的综合素养为目的而开设的课程体系,由于各高校的历史传统、校园文化和办学特色各不相同,在综合素养课的设置上也不尽相同。但不管什么样的综合素养课,从教育理念和教育目标来看,都是为了培养高素质的人才,因此也必然包含价值引领的要求。而且,综合素养课除了必修的公共基础课外,很多课程都是以选修课的形式出现,学生可以结合自己的兴趣自主选择。在综合素养课上进行社会主义核心价值教育有着得天独厚的优势,让学生在感兴趣的课程学习中自然而然地受到思想的启迪和价值观的培养。

(二)显性教育与隐性教育

习近平总书店在"3.18讲话"中提出了推进高校思政课改革创新的"八个统一",其中一个统一就是"要坚持显性教育和隐性教育相统一,挖掘其他课程和教学方式中蕴含的思想政治教育资源,实现全员全程全方位育人"[②]。这也意味着,大学生社会主义核心价值观教育既需要思政课程的显性教育,凸显核心价值观的引领功能,又需要课程思政的隐性教育,强化核心价值观的渗透浸润。

1. 显性教育与隐性教育的课程设计

目前,高校课程体系建设基本上由"一体四群"构成:"一体"就是培养中国特色社会主义各类人才之目标,"四群"就是围绕培养目标构建

---

① 习近平. 在哲学社会科学工作座谈会上的讲话(2016年5月17日)[M]. 北京:人民出版社,2016:6-7.

② 习近平主持召开学校思想政治理论课教师座谈会强调:用新时代中国特色社会主义思想铸魂育人 贯彻党的教育方针落实立德树人根本任务 [N]. 人民日报,2019-03-19.

的专业课课程群、专业基础课课程群、公共课课程群以及内容丰富、形式多样的综合素养课课程群。四类课程群中,由于思政课的五门主干课程具有明显的显性教育功能,常常被作为思想政治教育和价值观教育的主干课程,甚至是唯一课程。而其他课程群由于认识上的偏差,在人才培养中存在价值引领的"空窗期"。因此,加强思政课程的显性教育与课程思政的隐性教育的协调同步,对于推进大学生社会主义核心价值观教育进程是十分必要的。

笔者对当前高校"显性教育"与"隐性教育"的课程建设作如下设计(见表7-1),从知识传授与价值引领相结合的理念出发,将高校课程分为显性思政教育课程与隐性思政教育课程两大类别。

表7-1 高校显性教育与隐性教育的课程建设

思政属性	课程模块	课程类别	功能定位
显性教育	思想政治理论课程	四门必修课程 形势与政策课	引领:系统开展社会主义核心价值观教育
隐性教育	综合素养课程	通识教育课 公共基础课等	浸润:在培育综合素养过程中渗透社会主义核心价值观教育
	专业教育课程	哲学社会科学课程	深化:凸显哲学社会科学的社会主义意识形态教育功能
		自然科学课程	拓展:在科学思维和职业素养教育中强化价值导向,道术融合

2. 显性教育与隐性教育的课程实施

显性教育是指教育者依据预设的教育目的和教育计划,通过设计好的教育内容和方法直接对受教育者施加影响的手段和方式。由于高校思政课鲜明的意识形态功能和价值取向性,往往成为大学生社会主义核心价值观显性教育的主要形式,成为不可替代的显性教育课程。当前,教育部针对高校思政课课堂教学存在的弊端,着力打造高阶性、挑战性和创新性的思政课"金课"。按照维果茨基提出的"最近发展区"理论,那些态度不认真、内容陈旧、方法单一的低阶性"水课"难以真正使学生获得知识、能力和思想上的提升,只有在学生已有的发展水平与经过教师指导能够达到的目标之间的区域,合理提升教学难度和挑战性,才是对学生最有价值的"金课"。这一教育原理同样适合思政课"金课"的要求。这就需要高校改变传统的思政课教学理念和模式,改变思政课师生不用心、不走心的课堂教学状况,

第七章　立足中华优秀传统文化推进高校思政课社会主义核心价值观教育的实践路径

不断推进课程内容、教学方法和评价手段等方面的改革创新，采用线上线下、课内课外等多种形式的立体化、混合式教学模式，充分激发和提高大学生的课堂参与度、创新性思维和实践能力。同时思政课教师也要自加压力，不断学习新的理论和方法，准确把握思想政治教育规律和当代大学生的心理发展特点，使思政课堂能够在大学生社会主义核心价值观教育方面实现提质增效。

隐性教育是指伴随在正式课程之中随机进行，以潜在的方式和途径对大学生施加影响，间接对大学生进行核心价值观教育的手段和方式。课程思政不是将社会主义核心价值观的内容贴标签式地强加于专业课程和综合素养课程中，也不是在讲完专业知识后专门进行社会主义核心价值观的延伸和靠拢，而是将专业课上出"思政味儿"，将社会主义核心价值观的内容无缝对接到专业课堂和专业实践中，以"润物无声"的方式浸入大学生的心田。应将社会主义核心价值观培育作为课程思政发挥育人作用的切入点，一是因为社会主义核心价值观是当代中国精神的体现，是具有最大公信力和最大公约数的价值共识。高校教师即便不具备思想政治理论专业的背景，但也熟知社会主义核心价值观的内涵及其相关理论，这使得价值引领成为可能。二是因为社会主义核心价值观丰富的内涵和底蕴使其与所有课程都有很好的契合点，具有极大的亲和力、感染力和说服力，易于形成良好的共生关系。如学电子信息专业的大学生通过"中兴危机"真切感受到国家富强的价值内涵，学食品、医学专业的大学生通过"三鹿奶粉事件""魏则西事件"体会爱岗敬业、诚信友善的价值要求，等等。应注重发挥高校各专业课程和综合素养课程等对大学生社会主义核心价值观教育的延伸和细化功能，在知识技能学习和文化教育中极大地拓展社会主义核心价值观教育的宽度和深度，构建全课程育人体系。

六、基于传统文化，拓宽社会主义核心价值观教育的培育路径

（一）注重中华传统美德的重点传承

习近平总书记指出："核心价值观，其实就是一种德，既是个人的德，也是一种大德，就是国家的德，社会的德。"① 这一论断高屋建瓴地概括了核心价值观的根本所在。价值的尺度是内向的，它属于精神的世界，是信仰，是善性，是天地良心。大德之念不在于你认识到了什么，记住了什么，表达了什么，更重要的是在日常生活中如何身体力行。

中国传统文化常将个体的世界观与人生观和价值观融合在一起，包含有明确的价值取向和价值理想，注重在实践实现对生命价值与社会理想的实现，最终实现修身、齐家、治国、平天下。传统文化提出修身为本，即要处理好人际关系，根本在于人们是否具有良好的道德品质、道德修养，是君子而非小人。一个有道德的君子，才能向上孝敬父母，向下慈爱儿女，构建和谐的家庭关系；才能向上忠于国家，向下诚信交友，构建和谐的社会关系。要成为一个有道德人就必须有修养，只有不断修身，才能成为有道德的君子，由此，修身是为人处世、齐家治国的根本。传统文化认为，道德修养有三重目标，即三种境界：以修养为乐的境界，从心所欲不逾矩的境界，"民胞物与""厚德载物"的境界。这其实也是人生所应追求的三重理想境界，这是古人对人生观理论的一大贡献，也为实现高尚道德境界提供丰厚的滋养。

诚信、仁爱是中国传统文化最基本的价值范畴，直到现在它仍保持着强大的感召力和旺盛的生命力，它与倡导爱国、敬业、诚信、友善的个人层面的价值追求高度契合。在实际生活学习中，大学生践行社会主义核心价值观，要以中华传统美德的传承和实践为根本条件和根本落脚点。我们要引导大学生坚守敬亲、孝亲、尊老、爱老的传统孝道文化以及由此生发的热爱祖国、与人为善等优秀品质，在实现中华民族伟大复兴中国梦的同时实现个人的人生出彩；要将诚信贯穿于大学生日常管理的全过程，使之成为衡量一个人道德品格高下、思想情操优劣的重要价值标准；仁爱思想

---

① 习近平. 习近平谈治国理政（第一卷）[M]. 北京：外文出版社，2018：168.

第七章 立足中华优秀传统文化推进高校思政课社会主义核心价值观教育的实践路径

以"爱人""成己成人"为前提和目的,对大学生而言,仁爱理念就是要引导学生间形成团结互助、平等友爱的人际关系和人际氛围,使学校充满人文关怀。

(二)推进社会主义核心价值观校园化建设

要创造性地转化和创新性地传承中华优秀传统文化,推动社会主义核心价值观教育形象化、具体化,最重要的是从每一个大学生的自身修养做起。高校推进社会主义核心价值观教育形象化、具体化,就要结合文明校园创建活动,深入开展传统文化与文明校园相结合的大教育、大实践、大提升活动,突出大学生日常文明行为细节养成与践行,从身边的一点一滴抓起;应依托各类学术讲堂、文化活动、实践活动、社团活动,借助重要民族传统节日、重大纪念日和节庆日进行传统的敬老孝亲、爱国感恩教育;充分运用新媒体,加强传统人文精神的传播;组织开展丰富多彩、品位高雅、创意新颖的校园文化活动;注重用身边的道德楷模和先进典型来教育身边人,用师生喜闻乐见的方式传播社会主流价值,把社会主义核心价值观真正融入师生的日常生活中,培育校园向真、向上、向善的文化氛围。

(三)将传统文化普及教育纳入现代高等教育的全过程

在积极培育和践行社会主义核心价值观的社会大环境下,高校应该加强大学生传统文化教育,以文化的大众化为指导,将文化的民族性、大众化问题纳入当前教育改革整体战略之中,使其有机地融入当代教育改革的目标建构、课程标准、教材建设及多样的教学与活动中,让优秀传统文化资源在整个国家教育体系中占据一定的地位。具体就是:分学段有序推进中华优秀传统文化教育,把传统文化教育纳入课程和教材体系中,全面提升师资队伍水平,充分利用形式多样的校园活动载体、文化遗址和各类教育平台,充分发挥家庭在中华优秀传统文化大众化过程中的重要作用,形成全社会共同参与的教育合力。要充分整合高校的人文资源,把传统文化教育纳入大学生的必修课中,并开设以国学经典、儒释道经典文化等为主要内容的大众选修课,鼓励大学生积极选学,深入挖掘讲仁爱、崇尚正义、追求大同的时代价值,深入了解中华民族历久弥新的精神世界,为涵养社会主义核心价值观提供重要源泉,并进一步增强它的凝聚力、影响力和感召力。

（四）夯实网络化教学与实践教学手段

1. 构建专题网站，促成教育合力

应构建高质量教育专题网站，形成线上线下教育合力。网络专题教育需要着眼于内容的趣味性、知识性和形式的多样性、新颖性，以突出思想性为导向，着力打造科学合理的专题教育网站。

首先，应联合全国各高校进行网站专题教育创新活动。与高校开放式教育相结合，在资源系统化、层次化、多样化的基础上，搭建学习交流共享平台。其次，采用"微创新"视觉模式增添教育专题网站的趣味性。利用微视频、微课、微表情包等为一体的传播方式来调动学习积极性和主动性。最后，建立网站学习积分奖评机制。以"每日任务"的形式设置积分等级，通过累计积分来获得实物奖励，激发大学生学习意识。

2. 运用科技手段，创新融入方式

应融合 VR 技术开展教学活动，实现沉浸式教学。VR 虚拟现实技术是通过现实场景数据创建三维虚拟世界，实现信息融合和交互的动态实景呈现。5G 技术具有低延时、高速率传输等特性，它与 VR 等现代技术的融合，是营造身临其境、近乎"真实"认知、身体环境互动的场景和氛围。应通过系统梳理和整合中华优秀传统文化资源及其背后的思想资源和教育价值，使融入教育内容在 VR 技术的配合下更具新鲜感和吸引力，让大学生近距离感受文化的细节和传统的精髓。一是虚拟实景游览，将历史文化博物馆、纪念馆、遗迹等做模拟呈现，大学生不出校门即可感受中华优秀传统文化。二是历史片段复原，复原特定的历史阶段和历史文化场景，让大学生沉浸于鲜活的历史中，感受中华优秀传统文化对价值观的导向作用。三是文化意境具化，将中华优秀传统价值观中的语码和意境，用 VR 技术构建出具体场景，使大学生更直观、更深刻地去理解中华优秀传统价值观的内容。

参 考 文 献

[1] 露丝·本尼迪克特. 文化模式[M]. 何锡章, 黄欢, 译. 北京: 华夏出版社, 1987.

[2] 张立文. 传统学引论——中国传统文化的多维反思[J]. 北京: 中国人民大学出版社, 1989.

[3] 丹尼尔·贝尔. 资本主义文化矛盾[M]. 赵一凡, 蒲隆, 任晓晋, 译. 北京: 生活·读书·新知三联书店, 1989.

[4] 鲁思·本尼迪克特. 菊与刀: 日本文化的类型[M]. 吕万和, 等, 译. 北京: 商务印书馆, 1990.

[5] 胡国亨. 独共南山守中国——戳破西方文化优越的神话[J]. 科学·经济·社会, 1997 (03).

[6] 王南湜. 拯救传统文化, "外王而内圣"之路是否更为可行? [J]. 天津社会科学, 1996 (06).

[7] 车文博. 弗洛伊德主义原著选辑 (上卷) [M]. 沈阳: 辽宁人民出版社, 1998.

[8] 安东尼·吉登斯. 现代性与自我认同[M]. 赵旭东, 方文, 译. 北京: 生活·读书·新知三联书店, 1998.

[9] 邓球柏. 中国传统文化与思想政治教育[M]. 北京: 首都师范大学出版社, 1999.

[10] 曼纽尔·卡斯特. 认同的力量[M]. 夏铸九, 等, 译. 北京: 社会科学文献出版社, 2003.

[11] 弗朗西斯·福山. 历史的终结及最后之人[M]. 黄胜强, 许铭原, 译. 北京: 中国社会科学出版社, 2003.

[12] 庞朴. 文化传统与传统文化[J]. 科学中国人, 2003 (04).

[13] 张岱年, 方克立. 中国文化概论[M]. 北京: 北京师范大学出版社, 2004.

[14] 朱耀廷. 中国传统文化通论[M]. 北京: 北京大学出版社, 2005.

[15] 韦政通. 伦理思想的突破[M]. 北京: 中国人民大学出版社, 2005.

[16] 吴潜涛. 关于《思想道德修养与法律基础》教材的解读[J]. 清华大学学报 (哲学社会科学版), 2006 (S2).

[17] 吴潜涛. 高校思想政治理论课课程改革的新成果——"思想道德修养和法律基础课"新教材解读[J]. 中国高等教, 2006 (Z2).

[18] 陈万柏, 张耀灿. 思想政治教育学原理[M]. 北京: 高等教育出版社, 2007.

[19] 李泽厚. 实用理性与乐感文化[M]. 北京: 生活·读书·新知三联书店, 2008.

[20] 爱德华·希尔斯. 论传统[M]. 傅铿、吕乐, 译. 上海: 上海人民出版社, 2009.

[21] 侯惠勤. 马克思的意识形态批判与当代中国[M]. 北京: 中国社会科学出版社, 2010.

[22] 萧公权. 中国政治思想史[M]. 北京: 新星出版社, 2011.

[23] 佘双好. 当代社会思潮对高校学生影响的特点及对策研究[J]. 思想理论教育导刊, 2010 (10).

[24] 杨豹. 中国传统文化: 社会主义核心价值体系的民族基础[J]. 理论导刊, 2010 (03).

[25] 包仕国. 科学发展观对中国特色社会主义理论体系的重大发展[J]. 湖北省社会主义学院学报, 2010 (04).

[26] 何兆武, 柳卸林. 中国印象: 外国名人论中国文化[M]. 北京: 中国人民大学出版社, 2012.

[27] 靳玉乐, 易连云. 教育基本理论问题专题研究[M]. 重庆: 西南师范大学出版社, 2012.

[28] 张大均. 教育心理学 (第二版) [M]. 北京: 人民教育出版社, 2011.

[29] 侯惠勤, 等. 马克思主义意识形态论[M]. 南京: 南京大学出版社, 2011.

[30] 仲呈祥. 文化自信的力量[J]. 求是, 2011 (07).

[31] 刘芳. 对文化自觉和文化自信的战略考量[J]. 思想理论教育, 2012（01）.

[32] 霍晓玲. 正确认识当代中国文化保守主义思潮[J]. 探索, 2012（05）.

[33] 杨明, 张伟, 郑奕. 社会主义核心价值体系论纲[M]. 南京：南京大学出版社, 2013.

[34] 徐云峰, 郭晓敏. 网言网语[M]. 武汉：武汉大学出版社, 2013.

[35] 王学俭, 李东坡. 社会主义核心价值观研究述要[J]. 思想政治教育研究, 2013, 29（04）.

[36] 林剑. 也论文化的自觉、自信与自立[J]. 学术研究, 2013（06）.

[37] 梁柱. 历史虚无主义思潮的泛起、特点及其主要表现[J]. 马克思主义研究, 2013（10）.

[38] 侯惠勤. 意识形态的历史转型及其当代挑战[J]. 马克思主义研究, 2013（12）.

[39] 方旭光. 认同的价值与价值的认同——社会主义核心价值观论[M]. 北京：中国社会科学出版社, 2014.

[40] 许俊. 中国人的精气神[M]. 北京：人民出版社, 2014.

[41] 居云飞. 兴国之魂：社会主义核心价值观与中华优秀传统文化[M]. 北京：中国社会科学出版社, 2014.

[42] 陈红, 张福红. 西方社会思潮与大学生社会主义核心价值观教育[J]. 思想政治教育研究, 2014, 30（01）.

[43] 周宏. 论加强社会主义核心价值观认同机制建设[J]. 理论导刊, 2014（04）.

[44] 张鹏宇. 弘扬中华优秀传统文化培育社会主义核心价值观[J]. 人民论坛, 2014（14）.

[45] 张自慧. 论社会主义核心价值观的传统文化基源[J]思想理论教育, 2014（10）.

[46] 陈来. 中华文明的核心价值：国学流变与传统价值观[M]. 北京：生活·读书·新知三联书店, 2015.

[47] 房广顺. 社会主义核心价值观与中华传统文化[M]. 北京：人民出版社, 2015.

183

[48] 王燕文. 社会主义核心价值观研究丛书（总论）[M]. 南京：江苏人民出版社，2015.

[49] 周菲. 社会主义核心价值观与中国梦[M]. 北京：人民出版社，2015.

[50] 潘莉，梅荣政. 历史虚无主义思潮的表现、特点及其危害[J]新疆师范大学学报（社会科学版），2015，36（05）.

[51] 房广顺，隗金成. 社会主义核心价值观与中华传统文化的契合性[J]. 马克思主义研究，2015（10）.

[52] 吴潜涛. 把握好教材修订内容有效实现教材体系向教学体系转化[J]. 思想理论教育导刊，2015（10）.

[53] 许可，马培安，王玉国. 社会主义核心价值观与传统文化[M]. 北京：中国书籍出版社，2016.

[54] 钱广荣. 论弘扬社会主义核心价值观与传承中华优秀传统文化的辩证统一关系[J]. 社会主义核心价值观研究，2016，2（01）.

[55] 李蕊. 弘扬社会主义核心价值观需厘清的基本理论问题[J]. 社会主义研究，2016（03）.

[56] 许嘉璐. 中国文化的前途和使命[M]. 北京：中华书局. 2017.

[57] 李学俊. 中国古代的社会主义[M]. 北京：知识产权出版社，2017.

[58] 王丹. 当代大学生价值观与价值选择状况的调查分析[J]. 思想理论教育，2018（02）.

[59] 陈占安. 改革开放以来高校思想政治理论课教材建设的回顾与展望[J]. 思想理论教育导刊，2018（10）.

[60] 张会芸，冯晓玲. 高校"思想道德修养与法律基础"课教材发展研究（2006—2018）[J]. 思想政治教育研究，2019，35（06）.

[61] 沈壮海. 中国大学生思想政治教育发展报告（2018-2019）[M]. 北京：北京师范大学出版社，2020.

[62] 张彦. 高校思政课"社会主义核心价值观"教学的内蕴与发展——基于对2015年版、2018年版、2021年版《思想道德与法治》教材的分析[J]. 高校马克思主义理论教育研究，2021（06）.

[63] 邢云文. 帮助当代大学生树立正确的价值观——《思想道德与法治（2021年版）》第四章修订解读与教学建议[J]. 思想教育研究，2021

（09）.

[64] 余一凡. "思想道德与法治"课人生观部分重难点解析[J]. 思想教育研究, 2021（08）.

[65] 沈壮海, 本教材编写组. 《思想道德与法治（2021年版）》修订说明和教学建议[J]. 思想理论教育导刊, 2021（09）.